大学生のための
就活トレーニング

SPI・エントリーシート編　　北川　清［編著］

テキスト

三省堂

本文組版・装幀
(有)オーボン　五味崇宏

はじめに

　本書は、内定獲得のために通過しなければならない「SPI検査」「エントリーシート」について、効果的な学習・対策をするための本です。就職対策においては、ただ手をこまねいていては、何の進歩もありません。しかし、「何から手をつければよいのか」「どんな対策をすればよいのか」という具体策に悩む学生の皆さんは多いと思われます。そのような皆さんに、「まずここから始めよう」という指針を示すことも大きなねらいです。本書が、内定獲得に向けてのスタート台として、また実戦練習の場として活用されることを願ってやみません。

【本書の構成】

　本書は、テキストとトレーニングシートから構成されています。それぞれSPI検査対策とエントリーシート対策の2つの部門に分かれます。
　SPI検査対策部門には、次の3つの分野があります。

1　非言語編　　　　SPI検査に出題される「数学」「理科」分野の問題を集めています。
2　言語編　　　　　SPI検査に出題される「国語」分野の問題を集めています。
3　付録　性格検査　SPI検査に課される性格適性検査の概要を説明しています。

　エントリーシート対策部門では、多くの企業で求められる次の項目について、記入例とその評価、修正例、ネタ作りのヒントになる質問などを詳しくあげています。

1　志望理由
2　自己PR・学生生活（大学生活で得たこと・学生時代に力を入れたこと）

【本書の6つの特長】

1　SPI検査には、能力検査と性格検査の2種類があり、さらに能力検査には言語能力分野と非言語能力分野があります。本書はこのいずれにも対応できるように編集しています。
2　「テキストによる詳しい解説」と「トレーニングシートによる練習」の2段構えで学習できます。テキスト→トレーニングシート→テキストの交互学習で、不明点や弱点を補うことができます。
3　取り上げた項目は、過去に実際に出題された問題を分析したうえで、基礎的なものから実戦的なものまで段階的に配列しています。
4　非言語能力分野では、公式や計算の規則などを忘れてしまった人のために、できるだけ基礎的部分からわかりやすく解説しています。
5　原則として1章分が、大学の授業の1~2回分に相当するように編集しています。
6　エントリーシート編では、「失敗例」を取り上げ、どこが失敗なのか、どのように修正すればよいのかを具体的に解説しています。またトレーニングシートでは、「発想」のヒントになる項目を数多く提示しています。

【本書の使い方】
1　このテキストと別冊のトレーニングシートの2冊を使って学習を進めます。
2　まずこのテキストに取り組みます。それぞれの項目には、その項目の特徴や基本公式があげられています。必ず確認したうえで学習に入ってください。
3　「SAMPLE」は、実際のSPI検査に出題される、それぞれの項目の典型的な問題例です。本文をよく読み、自分で考え、解答したうえで「STEP」に進んでください。
4　「POINT」は、その項目の解法のコツを簡潔に示したものです。「SAMPLE」を学習し終えた後、解法のまとめとして活用してください。
5　テキストの各項目の途中または最後に ▭▷ マークが出てきます。このマークが出てきたら、テキストの指示に従ってトレーニングシートの課題に取り組んでください。課題を解答し終えたら、再びテキストに戻って、テキストの次の部分または次の項目に進んでください。
6　トレーニングシートの「課題」を解答するうえで、理解できない問題はそのまま放置せず、かならず納得するまでテキストに戻って解き方を学習してください。
7　大学の授業用テキストとしても、自学自習用としても使うことができます。大学の授業テキストとして使用する場合は、具体的な使用方法については担当の先生の指示に従ってください。

【本書の主な対象】
- 就職試験として、SPI検査を実施する企業を志望する大学生、短大生、専門学校生、大学院生など。
- 採用選考資料として、エントリーシートの提出を求める企業を志望する大学生、短大生、専門学校生、大学院生など。

〈本書を教科書として利用する先生方へ〉
　本書は、大学の授業の教科書として使いやすいように作ってあります。本書を教科書として採用してくださる先生には解説集を提供する予定です。詳しくは、三省堂HP（http://www.sanseido.co.jp/）をご覧ください。

　本書の執筆にあたり、三省堂の飛鳥勝幸氏と翔文社の田中敦子氏、オーボンの五味崇宏氏には大変お世話になりました。記して感謝申し上げます。

はじめに ... 1

I　非言語編

1. 方程式−速度算 ... 4
2. 方程式−濃度算 ... 6
3. 方程式−流水算 ... 8
4. 方程式−仕事算 ... 10
5. 方程式−損益算 ... 12
6. 方程式−植木算 ... 14
7. 方程式−つるかめ算・年齢算 ... 16
8. 方程式−割合算 ... 18
9. 確率 ... 20
10. 命題 ... 24
11. ブラックボックス ... 28
12. フローチャート ... 32
13. グラフと領域 ... 36
14. 経路 ... 40
15. 資料解釈 ... 44
16. 推論 ... 50
17. 物理問題 ... 58

II　言語編

18. 2語の関係 ... 64
19. 語句の意味・多義語 ... 69
20. 同意語・反意語 ... 75
21. 長文読解 ... 81

III　エントリーシート編

22. 志望理由 ... 85
23. 自己PR・学生生活 ... 88

付録　性格検査 ... 92

I 非言語編 1

方程式−速度算

速さ×時間＝距離　距離は必ず分子に置く

　速度に関する問題では、(1) 速度の公式〔速さ×時間＝距離〕、(2) 時間の単位を合わせる〔1km＝1000m、1時間＝60分〕、(3) 何をxと置くか、の3点に注意して解答しましょう。

SAMPLE

　PQの2地点間を、時速12kmの自転車で行くと、時速4kmで歩くよりも2時間早く着く。PQ間の距離は次のうちどれか。

A　4km　　B　6km　　C　8km
D　10km　　E　12km　　F　14km

STEP 1　問題のポイントを考える

　「速度の公式」にあてはめることを考える前に、どんな式が立てられるのか、考えましょう。自転車だと、徒歩より2時間早く着くことがポイントです。自転車で行った場合の時間に2時間を足すと、徒歩で行った場合の時間と等しくなることに気づくことが大切です。これを式に表してみると、

　　自転車に乗った時間 ＋ 2（時間）＝ 歩いた時間──①

となります。これをもとに、速度の公式を使って方程式を立ててみましょう。

STEP 2　公式を使って方程式を立てる

　設問文から、自転車、徒歩それぞれの速さ（時速）がわかっていますから、求めるPQ 2地点間の距離をx(km)とおき、要した時間を公式を用いて表します。

$$時間 = \frac{距離}{速さ}$$

- 自転車の場合……時間 $= \dfrac{x}{12}$（時間）

- 徒歩の場合……時間 $= \dfrac{x}{4}$（時間）

①より、自転車に乗った時間 + 2（時間）= 歩いた時間

$$\frac{x}{12} + 2 = \frac{x}{4}$$

両辺を12倍して　$x + 24 = 3x$, $-2x = -24$, $x = 12$（km）
これより、ＰＱ２地点間の距離（x）は12kmとでました。　答えはＥです。

　念のために検算をしましょう。

- 自転車……12kmの距離を時速12kmで行くと、かかる時間は $\dfrac{12}{12} = 1$（時間）

- 徒歩……12kmの距離を時速4kmで行くと、かかる時間は $\dfrac{12}{4} = 3$（時間）

　　$3 - 1 = 2$（時間）→自転車が2時間早く着きます。

　速度の公式　速さ＝は　時間＝じ　距離＝き　とすると、

$$は = \frac{き}{じ} \qquad じ = \frac{き}{は} \qquad き = は × じ$$

となります。「はじきの公式」として、確実に覚えてしまいましょう。ただし、それぞれの設問ごとに、時間の単位に注意して、「時速」なのか「分速」なのか、間違えないように解答することが大切です。

|POINT|　・速度の問題では、「はじきの公式」を用いる。

▷ P1 課題1

I 非言語編 2

方程式－濃度算

食塩水の量 × 濃度 ＝ 食塩の量

　食塩水の濃度などに関する問題です。中学・高校時代などに「苦手」意識を持っていた人は、この機会に再挑戦して、確実に理解し、逆に得点源の分野にしてほしいものです。絶対の基本公式があります。

$$濃度（\%） = \frac{食塩の重さ}{食塩水（食塩＋水）の重さ} \times 100$$

　食塩水は、水に食塩を加えたものです。食塩を加えると、食塩水全体の重さも増加することに注意しましょう。

SAMPLE

　10％の食塩水400gがある。この食塩水に食塩80gを加えると、何％の食塩水になるか。

A　8％　　B　10％　　C　14％
D　17％　　E　20％　　F　25％

STEP 1　はじめの食塩水に含まれる食塩の量を求める

　食塩水の問題では、常に「全体の量」と「食塩の量」を意識します。濃度とは、全体のうち、食塩の占める割合のことです。
　ここでは、10％の食塩水が400gあります。この食塩水に含まれる食塩の量は、全体400（g）のうちの10％（少数では0.1、歩合では1割）です。

$$400 \times \frac{10}{100} = 40 \ (\mathrm{g})$$

つまり、10％の食塩水400gは、40gの食塩と360gの水から構成されているのです。水400gに対して食塩40gと勘違いしないように注意してください。

STEP 2　新たな食塩の量を求める

ステップ1で求めたのは、もとの食塩水に含まれる食塩の量です。ここに、別に80gの食塩を加えると、食塩の合計量が出ます。

$40 + 80 = 120 \ (\mathrm{g})$

このとき注意することは、80gの食塩を加えると食塩の量はもちろん、食塩水全体の量も80g増えるということです。公式では、分子・分母の両方に新たに加えた食塩の量を足すことを忘れないようにしましょう。

STEP 3　新しい食塩水の濃度を求める

新しい食塩の重さは、ステップ2で求めたように、120gです。そして、食塩水全体の重さも80g分増加しているので、400 + 80 = 480 (g)になります。

これより、濃度を計算します。

$\dfrac{40+80}{400+80} = \dfrac{120}{480} \times 100 = 25 \ (\%)$ となります。　　　　答えは**F**です。

なお、食塩水に食塩だけを加えれば、当然濃度は濃くなりますから、濃度が薄くなる選択肢Aや、濃度が変化しない選択肢Bが正解となることはありません。常識的にも、選択肢をしぼりこむことができます。

|POINT|・濃度を、食塩の重さ÷水の重さと勘違いしないように注意。

▷ P3 課題1

I 非言語編 3 方程式−流水算

船の速さ・川の流れの速さに着目する

　一定の速さで流れる川の川上・川下間を船で上ったり、下ったり、往復したりするときの時間や速度、距離を求める計算を流水算といいます。船で川を上り下りする場合は、当然下りの速度が上りの速度よりも速くなります。船のスピードに、川の流れの速さが加わるからです。これらも含めて、次の4つの公式を確実に覚えておきましょう。

〔流水算の公式〕　①上りの速度＝静水時の速度−川の流れの速度
　　　　　　　　②下りの速度＝静水時の速度＋川の流れの速度
　　　　　　　　③川の流れの速度＝（下りの速度−上りの速度）÷2
　　　　　　　　④静水時の速度＝（上りの速度＋下りの速度）÷2

SAMPLE 〈公式④〉

　ある川に沿って24km離れたP, Q2つの町がある。この間を船で往復するとき、上りは6時間、下りは2時間かかる。この船の静水時の速度は次のうちどれか。

A　3km/時　　　B　4km/時　　　C　8km/時
D　12km/時　　 E　16km/時　　　F　24km/時

STEP 1　上り・下り、それぞれの速度を求める

　流水算では、速度の公式（「はじきの公式」）を使うことが必要です。

$$は(速さ) = \frac{き(距離)}{じ(時間)} \qquad じ = \frac{き}{は} \qquad き = は \times じ$$

さて、この問題は、船の静水時の速度が問われているので、流水算の公式「④静水時の速度＝（上りの速度＋下りの速度）÷2」を使って解くわけですが、最初から公式にそのまま当てはめるのではなく、まず「上りの速度」と「下りの速度」をそれぞれ求める必要があります。

速度(km/時) ＝ $\frac{距離}{時間}$ から、次のような式が成り立ちます。

上りの速度 ＝ $\frac{24 (km)}{6 (時間)}$ ＝ 4 (km/時)

下りの速度 ＝ $\frac{24 (km)}{2 (時間)}$ ＝ 12 (km/時)

STEP 2　静水時の速度を求める

次は静水時の速度を求めます。静水時の速度とは、流れがまったくないと仮定した場合の船の速度のことです。

これには、流水算の公式④を適用します。船の静水時の速度は、流れにさからって上流に上るときの速度と、流れに乗って下流に下るときの速度の平均値なのです。

静水時の速度 ＝ （4 ＋ 12）÷ 2 ＝ 8 (km/時)　　　　　　答えは**C**です。

POINT　・流水算は、速度の公式〈速さ×時間＝距離〉も用いる。

▷ P5　課題1

I 非言語編 4 方程式−仕事算

1日の仕事量は、1÷かかる日数

ある仕事を仮に n 日に分けて完成させる場合、毎日同じペースで働くとすると、1日にする仕事の量は $\frac{1}{n}$ となります。

〔仕事算の考え方〕　①全体の仕事量を1とする。

②全体の仕事を n 日かけて行う場合の1日の仕事量は、$\frac{1}{n}$ である。

③複数の人が一つの仕事をする場合、全体の仕事日数は、$\frac{1}{\text{それぞれの人の1日の仕事量の和}}$ で求める。

SAMPLE

ある仕事をするのに、山田君1人では15日、鈴木君1人では10日かかる。この仕事を、山田君,鈴木君の2人が3日した後、残りを鈴木君1人で行った。鈴木君が1人で働いた日数は何日か。

A　4日　　B　5日　　C　6日
D　7日　　E　8日　　F　9日

STEP 1　2人がいっしょに働いた3日間の仕事量を求める

まず、山田君,鈴木君2人のそれぞれの1日の仕事量を求めてみます。
山田君は、1人だとこの仕事を15日で仕上げるので、

- 山田君の1日分の仕事量…$\dfrac{1}{15}$

また、鈴木君は、1人ではこの仕事を10日で仕上げるので、

- 鈴木君の1日分の仕事量…$\dfrac{1}{10}$

この2人が一緒に3日間仕事をしたので、3日分の仕事量を求めます。

- 山田君…$\dfrac{1}{15} \times 3 = \dfrac{3}{15} = \dfrac{1}{5}$
- 鈴木君…$\dfrac{1}{10} \times 3 = \dfrac{3}{10}$

2人分の合計…$\dfrac{1}{5} + \dfrac{3}{10} = \dfrac{2}{10} + \dfrac{3}{10} = \dfrac{5}{10} = \dfrac{1}{2}$

よって、2人が3日間いっしょに働いた仕事量は、全体の$\dfrac{1}{2}$になります。

STEP 2　残りを鈴木君が1人で仕上げる日数を求める

すでに$\dfrac{1}{2}$の仕事が終わっているので、残りはちょうど$\dfrac{1}{2}$です。

これを鈴木君が1人で行います。

鈴木君の1日の仕事量は$\dfrac{1}{10}$。全体の$\dfrac{1}{2}$の仕事を完成させるには、

$\dfrac{1}{2} \div \dfrac{1}{10} = \dfrac{1}{2} \times \dfrac{10}{1} = 5$（日）

つまり、鈴木君があと5日働けば、仕事が完了することになります。

答えは**B**です。

|POINT|　・分数の計算がスムーズにできるようにする。通分の方法を確認しておく。

▷ P7　課題1

方程式－損益算

原価＋利益＝定価

商品を売買するときの、原価、定価、値引き、売価、利益率などの計算をする問題です。用語の意味を正確にとらえ、公式を覚えることが大切です。

「原価」は商品を仕入れた値段、「定価」は原価に利益を上乗せしてつける売り値です。定価を高くつけすぎて売れなかったり、商品が劣化したりして値下げして売る場合、定価に対する値下げの割合が「値引き率」、実際に売った値段が「売価」、売価から原価を差し引いた金額が「利益」、原価に対する利益の割合が「利益率」です。公式は基本的な3つを覚えましょう。

〔損益算の公式〕　①定価＝原価×（1＋利益率）
　　　　　　　　　②利益＝原価×利益率
　　　　　　　　　③売価＝定価×（1－値引率）

SAMPLE　〈公式 ①～③〉

1個500円の商品を100個仕入れ、2割の利益を見込んで定価をつけたが、60個しか売れなかったので、残りを定価の2割引きにした。全体の利益は次のうちどれか。

A　3200円　　B　4200円　　C　5200円
D　6200円　　E　7200円　　F　8200円

STEP 1　定価を求める

商品を仕入れた値段のことを原価といいます。これに、利益（もうけ）を加えて定価をつけます。

ここでは原価は1個500円です。2割の利益を見込んだので、定価は、
$500 \times (1 + 0.2) = 600$　600円になります。

STEP 2　売価を求める

　売価は、商品を実際に売った値段のことです。定価を決めた後、すべてを定価通りに売れば、定価＝売価となります。しかし、何らかの事情によって値引きをした場合は、定価よりも少なくなります。ここでは、100個の商品のうち60個は定価通り販売し、残りの40個は定価の2割引きで販売したので、それぞれに分けて計算しなければなりません。

- 定価通り販売した商品の売価

　　1個の売価は、定価と同じ600円。

　　60個販売したので、$600 \times 60 = 36000$（円）。

- 値引きした商品の売価

　　1個の売価は、定価600円の2割引きの金額、$600 \times (1 - 0.2) = 480$円。

　　これを40個販売したので、$480 \times 40 = 19200$（円）。

STEP 3　利益を求める

　この商品の原価は1個500円で、100個仕入れたので、仕入れ金額の合計は、
$500 \times 100 = 50000$（円）

　売り上げは、

　　（定価の60個分）36000円＋（2割引きの40個分）19200円＝55200円

　利益は、売り上げ－原価で、

　　$55200 - 50000 = 5200$（円）　　　　　　　　　　　答えは**C**です。

POINT　・定価を求めてから、値引き後の売価を求める。

▷ P9 課題1

I 非言語編 6

方程式−植木算

両端に植えるときは、間隔数＋1が基本

　道路や池の周囲に木を植えるときの、木の本数を計算する問題です。
　道路の場合、片側に植えるのか、両側に植えるのか、また両端に植えるか植えないかなどに注意しましょう。池や公園のまわりに等間隔に植える場合は、その形状が円形でも長方形でも同じで、間隔の数がそのまま必要な木の本数になります。実際に道路や池と木の絵をかいて確かめるとよいでしょう。

〔植木算の公式〕　①両端にも植える場合　　木の本数＝間隔数＋1
　　　　　　　　　②環状に植える場合　　　木の本数＝間隔数

SAMPLE 1 　〈公式①〉

　300mの道路の両側に、20mおきに街路樹を植えるとき、道路の両端にも植えるとすると、街路樹は何本必要か。

A　16本　　B　22本　　C　32本
D　36本　　E　40本　　F　44本

STEP 1　間隔数を求める

　300 ÷ 20 = 15の計算によって、街路樹と街路樹の間隔の数を求めることができます。ただし、この15は、間隔がいくつあるかを示すもので、木の本数ではありません。絵を描いて確かめてみましょう。

STEP 2　街路樹の本数を求める

　この問題では、「道路の両端」とあることから、道路は環状ではなく、線状で

あると考えます。両端にも植えるので、片側に必要な街路樹の数は、間隔数＋1、つまり、15 + 1 = 16（本）

　ここでは「道路の両側に」とあるので、16本（片側）× 2 = 32（本）。

答えはCです。

|POINT|　・直線道路の片側の木の数は、間隔数＋1。

SAMPLE 2 〈公式②〉

　縦30m、横60mの土地がある。この土地の周囲に、20mおきに「立ち入り禁止」の立て札を立てるとき、立て札は何本必要か。

A　9本　　B　10本　　C　11本
D　12本　　E　13本　　F　14本

STEP 1　土地の周囲の長さを求める

　ぐるっと周りをまわる場合は、「環状」といいます。円形や楕円形、また正方形や長方形、それ以外の多角形でも、考え方は同じです。ここでは、長方形の土地の周囲の長さを求めましょう。

（30 + 60）× 2 = 180（m）

STEP 2　必要な立て札の本数を求める

　環状の場合は、必要な本数は、「周囲の長さ÷間隔」で求めることができます。直線の場合と環状の場合では「1を加えるか否か」の違いがあります。

　求める立て札の数は、180 ÷ 20 = 9（本）です。　　　　答えはAです。

|POINT|　・植木算は、直線か環状か、片側か両側か、用語を○などを付けて確認する。

▷ P11 課題1

I 非言語編 7

方程式 — つるかめ算・年齢算

「年の差」は広がらない・縮まらない

　つるかめ算は、わからないもの（たとえば鶴の数）をx とするとき、もう一つのわからないもの（たとえば亀の数）をy として連立方程式を立てます。
　年齢算では、すべての人がx 年たてばx 歳だけ年を取ることに着目して、原則として一元方程式（わからない数が一つだけの方程式）を立てます。

SAMPLE 1　〈つるかめ算〉

　50円のはがきと、80円の切手を合わせて25枚買い、2000円を出したところ、450円のおつりがあった。はがきは何枚買ったか。

A　8枚　　　B　10枚　　　C　12枚
D　15枚　　　E　18枚　　　F　22枚

STEP 1　方程式を立てて答えを求める

　50円のはがきをx 枚、80円の切手をy 枚買ったとして連立方程式を立てることができます。

$$\begin{cases} x + y = 25 \\ 50x + 80y = 2000 - 450 \end{cases}$$

ここでは、x だけを使った方程式に直してみましょう。
　　50円のはがき…x 枚　　　　切手…(25−x) 枚
　　はがきの代金…50×x（円）　　切手の代金…80×(25−x)（円）
合わせた代金は、2000円からおつりの450円を差し引いた金額ですから、

$$50x + 80(25-x) = 2000-450 \quad (※)$$

これを解いて、x = 15（枚）、つまりはがきは15枚買ったことになります。

答えは**D**です。

計算した後は、簡単に検算しておきましょう。はがきは15枚、代金は15×50 = 750（円）、切手は10枚、代金は10×80 = 800円、合わせて代金は、

750 + 800 = 1550　　1550 + 450 = 2000円

POINT　・連立方程式でも、一次方程式（※の式）でも解ける。

▷ P13　課題1

SAMPLE 2 〈年齢算〉

Aさんは現在62歳で、36歳の子がいる。Aさんの年齢が子の年齢の2倍であったのは、今から何年前か。

| A　6年 | B　8年 | C　10年 |
| D　12年 | E　14年 | F　16年 |

STEP 1　方程式を立てて答えを求める

年齢算の「前提条件」は、すべての人が、同じように歳をとることです。x年前に、Aさんは子の年齢の2倍であったとすると、x年前のAさんは（62−x）歳、子は（36−x）歳だったので、次の式を立てることができます。

$$62-x = 2(36-x)$$

これを解くと、x = 10　　10年前であったことがわかります。

答えは**C**です。

POINT　・年齢算は、同じように歳をとることを、xに置きかえる。

▷ P14　課題2

7　方程式−つるかめ算・年齢算

方程式 – 割合算

8　図か方程式か、得意パターンを決める

　割合に関する問題では、与えられた割合が何に対するものか、正確にとらえることが重要です。また、割合算では頻繁に分数の計算を用います。分数の四則計算が正しく、すばやくできることも必要です。とくに分数の割り算は、割られる数の分子と分母を入れかえてかけ算にする点に注意しましょう。

SAMPLE

ある本を1日目には全体の$\frac{1}{5}$、2日目には残りの$\frac{3}{8}$を読み終えた。さらに3日目には100ページを読んだところ、残りは150ページになった。この本のページ数は次のうちどれか。

A　350ページ　　B　400ページ　　C　450ページ
D　500ページ　　E　550ページ　　F　600ページ

STEP 1　線分図で考える

　1日目と2日目に読んだ割合とページ数を以下のような線分図にしてみましょう。

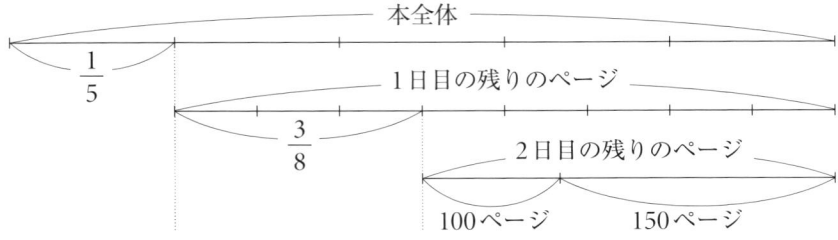

1日目と2日目に読んだページ数が全体に占める割合を考えます。

- 1日目に読んだページ数…全体の $\frac{1}{5}$
- 2日目に読んだページ数…$(1-\frac{1}{5}) \times \frac{3}{8} = \frac{12}{40} = \frac{3}{10}$

これにより、1日目と2日目に読んだページ数の合計は、

$$\frac{1}{5} + \frac{3}{10} = \frac{2}{10} + \frac{3}{10} = \frac{5}{10} = \frac{1}{2}$$

したがって、2日目の読書終了時点で読まれていない割合は、

$(1-\frac{1}{2}) = \frac{1}{2}$ になります。

STEP 2　2日目終了時点での残りのページ数を求める

では、2日目の読書が終了した時点では、あと何ページが残っていたのでしょうか。3日目に100ページを読んで、残りは150ページとあることから、3日目の読書に入る前、つまり2日目の読書が終了した時点での残りのページ数は、100 + 150 = 250（ページ）であることがわかります。

これが、全体の $\frac{1}{2}$ なので、全体のページ数は、

$$250 \div \frac{1}{2} = 250 \times \frac{2}{1} = 500 （ページ）$$

答えは **D** です。

方程式でも求められる。全体のページ数をxとして、

$$x \times \frac{1}{5} + x \ (1-\frac{1}{5}) \times \frac{3}{8} + 100 + 150 = x$$

|POINT|　・割合算は、全体を1として考える。

▷ P15　課題1

8　方程式−割合算　19

I 非言語編 9

確率

場合の数÷全体の数＝確率

あることがらがおこる可能性を確率といいます。9人の野球部員がいるとき、キャプテンに選ばれる確率は…もちろん$\frac{1}{9}$ですね。確率は公式にあてはめれば、計算は難しくありません。公式に慣れてすばやく解答しましょう。

〔基本公式〕
① 確率＝$\frac{あることがらがおこる場合の数}{おこりうるすべての場合の数}$

② Aがおこり、かつBがおこる確率＝
　Aのおこる確率×Bのおこる確率

③ AまたはBがおこる確率＝Aのおこる確率＋Bのおこる確率

④ 少なくともAである確率＝1－Aがおこらない確率

SAMPLE 1 〈公式①〉

大小2つのサイコロをふったとき、目の和が10以上になる確率は次のうちどれか。

A $\frac{1}{3}$　　B $\frac{1}{4}$　　C $\frac{1}{5}$　　D $\frac{1}{6}$　　E $\frac{1}{7}$　　F $\frac{1}{8}$

STEP 1　目の和が10になる場合をすべて書き出す

サイコロの目は1から6までの6通りです。大小2つのサイコロを同時にふるとき、目の出方は全部で6×6＝36通りです。このうち、目の和が10以上になる場合を、順序よく書き出していきます。

大・小の順に、〔4・6〕、〔5・5〕、〔5・6〕、〔6・4〕、〔6・5〕、〔6・6〕の6

通りです。少ない目の数→大きい目の数などの順にしたがって書き出すことが大切で、思いついたものから書き出すと、書きもれや重複が生じます。

STEP 2　確率を求める

分母には、全部の目の出方の36通りを置きます。分子は、目の出方が合わせて10以上になる6通りを置きます。

　　　求める確率は　$\dfrac{6}{36} = \dfrac{1}{6}$　　　　　　　　　答えはDです。

POINT　・問われているすべての場合を、順序よく書き出す。

▷ P17　課題1

SAMPLE 2　〈公式②・④〉

男子5人、女子4人のグループから、リーダー1人と準リーダー1人を選ぶとき、少なくとも1人は女子である確率は次のうちどれか。

A $\dfrac{3}{18}$　　B $\dfrac{5}{18}$　　C $\dfrac{1}{2}$　　D $\dfrac{11}{18}$　　E $\dfrac{13}{18}$　　F $\dfrac{7}{9}$

ヒント　少なくとも1人は女子である確率→（1−「1人も女子でない確率」）

STEP 1　2人とも男子である確率を求める

リーダー1人と準リーダー1人を選ぶ選び方は、〔男・男〕,〔男・女〕,〔女・男〕,〔女・女〕の4通りあります。ここで、少なくとも1人は女子であることが条件なので、このうち〔男・女〕,〔女・男〕,〔女・女〕になる確率を求めることになります。しかし、4通りのうち3通りだから、確率は $\dfrac{3}{4}$ とはできません。なぜなら、メンバーを構成する男女の人数が異なるからです。

確率の問題で「少なくとも」が使われる場合は、まずその逆を考えます。つまり、2人とも男子である確率（これを余事象といいます）を求めて、全体の確率

1（全事象といいます）から引き算をするわけです。公式②のP＝A×Bを用いて、

　2人とも男子の確率＝リーダーが男子の確率×準リーダーが男子の確率

$$= \frac{5}{9} \times \frac{4}{8} = \frac{5}{18}$$

ここで注意しなければならないのは、準リーダーを選ぶとき、リーダー1人がすでに選ばれているので、全体の人数は9−1＝8人、男子の人数は5−1＝4人であることです。

STEP 2 全体の確率から、2人とも男子である確率を引く

2人とも男子が選ばれる確率は$\frac{5}{18}$です。全体の確率1から、$\frac{5}{18}$を引き算すると、2人とも男子ではない、つまり〔男・女〕,〔女・男〕,〔女・女〕である確率を求めることができます。

$1 - \frac{5}{18} = \frac{13}{18}$　これが求める答えになります。　　　　　答えはEです。

POINT　・「少なくとも」に着目する。

▷ P18　課題2

SAMPLE 3　〈公式③〉

袋の中に1から30までの番号が書かれた、形、大きさの同じ球が入っている。この中から1個の球を取り出すとき、その球に書かれた数が3または4の倍数である確率は次のうちどれか。

A　$\frac{1}{6}$　　B　$\frac{1}{5}$　　C　$\frac{1}{4}$　　D　$\frac{1}{3}$　　E　$\frac{1}{2}$　　F　$\frac{2}{3}$

STEP 1　それぞれの場合の確率を求める

30個ある球から、1個を取り出すときの取り出し方は、30通りです。このことを前提にして、3の倍数、4の倍数、そして3の倍数にも4の倍数にもなるものを順に求めます。

- 3の倍数…3, 6, 9, 12, 15, 18, 21, 24, 27, 30の10通りです。

  3の倍数の球を取り出す確率は、$\frac{10}{30}$ になります。

- 4の倍数…4, 8, 12, 16, 20, 24, 28の7通りです。

  4の倍数の球を取り出す確率は、$\frac{7}{30}$ です。

- 3の倍数にも4の倍数にもなるもの…12, 24の2通りです。

  3の倍数にも4の倍数にもなる球を取り出す確率は $\frac{2}{30}$ です。

STEP 2　確率を加減する

サンプル3の確率は次のように求めます。まず3の倍数の球を取り出す確率に、4の球を取り出す確率を加えます。次に、3の倍数でもあり、4の倍数でもある数については、重複して数えていますから、この分を「ひき算」します。

$$\frac{10}{30} + \frac{7}{30} - \frac{2}{30} = \frac{15}{30} = \frac{1}{2}$$

これより、答えはEです。

POINT
- 確率では、同時におこるのかおこらないのかをすばやく判断する。
- 二つのことが同時におこるときにはかけ算、同時におこらない場合はたし算を用いる。

▷P19　課題3

I 非言語編 10 命題

「対偶」をとることが絶対条件

与えられた命題から、選択肢中の正しいものを指摘する問題が多く出されます。「対偶」「逆」「裏」などの用語とその意味、三段論法などを確実に押さえておきましょう。

SAMPLE

次の①〜③がいえるとき、確実にわかるのはA〜Eのどれですか。
① 楽譜が読めない人は、音楽家ではない。
② 正子は、ピアノとバイオリンを教えることができる。
③ 音楽家でなければ、バイオリンを教えられない。

A ピアノを教えることができれば、楽譜が読める。
B 楽譜が読めれば、バイオリンを教えることができる。
C ピアノとバイオリンを教えることができれば、正子である。
D 音楽家ならば、バイオリンを教えることができる。
E 正子は楽譜が読める。

STEP 1　命題の対偶をとる

サンプルの構成を確認しておきましょう。
次の①〜③がいえるとき、確実にわかるのはA〜Eのどれですか。　【設問文】
① 楽譜が読めない人は、音楽家ではない。　【命題】
　　　：
　A　ピアノを教えることができれば、楽譜が読める。　【選択肢】

　　　　　　　　　︙

　サンプルに与えられている①～③の文を「命題」といいます。この設問においての真理と考えることがらを、「XならばY（X→Y）」の形で表したものです。命題で述べられていることは、それが世の中の常識や、解答者の経験に合っているかどうかを吟味する必要はありません。「次の①～③がいえるとき」と提示されているのですから、これを疑うと問題が成立しません。命題は常に正しいものとして扱うことになります。

　ところで、命題「X→Y」が正しくても、それとは反対の「Y→X」が成り立つとは限りません。たとえば、「太郎は男だ」とは言えても、「男は太郎だ」とは言えません。男は、太郎以外に、地球上の人口のおよそ半数いるわけです。

　そこで、命題「X→Y」をもとにすると、Ⅱ～Ⅳの3種類のXとYの関係を考えることができます。

Ⅰ　命題　　XはYである。（X→Y）
Ⅱ　逆　　　YはXである。（Y→X）　　　　命題とはひっくり返る
Ⅲ　裏　　　XでなければYでない。（$\overline{X}→\overline{Y}$）命題の双方を否定する。
Ⅳ　対偶　　YでなければXでない。（$\overline{Y}→\overline{X}$）命題をひっくり返して否定する。

　文字の上の「―」（バー）は、否定を表す記号で、「X」とは、「Xであること」、「$\overline{X}$」とは、「Xではないこと」を意味します。

　「命題」「逆」「裏」「対偶」は次のように図示することができます。

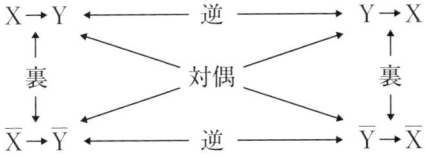

　命題に対して、**「逆」と「裏」は必ずしも正しいとはいえませんが、「対偶」は必ず正しいといえます**。これは、命題問題の最大のキーポイントですから確実に理解してください。

　サンプルでは、①と③に、「否定されているもの」があります。命題①と③の対偶をとってみます。対偶をとるとは、命題において否定されていることがらを、肯定形で表すことです。「肯定」にするとわかりやすくなります。命題②は、肯定形ですから、とりあえずこのままの形で考えます。

命題① 楽譜が読めない人は、音楽家ではない。→
　　　（対偶）音楽家は楽譜が読める。
命題③ 音楽家でなければ、バイオリンを教えられない。→
　　　（対偶）バイオリンを教えることができれば、音楽家である。
　対偶は、命題で肯定されていることを否定にし、否定されていることを肯定して、さらにそれをひっくり返すのです。

| POINT | ・命題の問題は、まず対偶をとることを考える。対偶は必ず正しい。 |

▷ P21　課題1

　ここまでの段階で、サンプルの命題を整理しておきましょう。
① 楽譜が読めない人は、音楽家ではない。　　　　　　$\overline{楽譜}$ → $\overline{音楽家}$
　　対偶　音楽家は楽譜が読める。　　　　　　　　　音楽家 → 楽譜
② 正子は、ピアノとバイオリンを教えることができる。　正子 → ピ・バ
③ 音楽家でなければ、バイオリンを教えられない。　　$\overline{音楽家}$ → $\overline{バ}$
　　対偶　バイオリンを教えることができれば音楽家である。バ → 音楽家
①〜③において成立している命題または対偶を整理します。
　　音楽家　→　楽譜　　　（①の対偶）──（1）
　　正子　　→　ピ・バ　　（②の命題）──（2）
　　バ　　　→　音楽家　　（③の対偶）──（3）

STEP 2　三段論法を使う

　P→Q、Q→Rが成り立つとき、P→Rが成り立ちます。これを三段論法といいます。命題の問題を解くときは、この方法も用います。
　サンプルの①と③に着目します。
　　　　　　　　　①より　　　　　　　　$\overline{楽譜}$ → $\overline{音楽家}$
　　　　　　　　　③より　　　　　　　　$\overline{音楽家}$ → $\overline{バ}$
　これより、$\overline{楽譜}$ → $\overline{バ}$（楽譜が読めない人は、バイオリンを教えられない）が成立します。この対偶は　バ → 楽譜　──（4）
　さらに、(2)と(3)にも着目してみましょう。

I　非言語編

(2)のうち、「バ」だけを抜き出して考えます。

$$正子 \rightarrow バ \quad\quad (2)の一部$$
$$バ \rightarrow 音楽家 \quad\quad (3)$$

これより、 正子 → バ → 音楽家 ＝ 正子 → 音楽家 ——(5)

▷ P22　課題2

STEP 3　選択肢を吟味する

続いて、選択肢を1つずつ吟味していきます。

A ピアノを教えることができれば、楽譜が読める。

　　ピ → 楽譜

　　× バイオリンを教えることができる場合は、(4)より、楽譜を読むことができるといえるが、ピアノの場合は、不明。

B 楽譜が読めれば、バイオリンを教えることができる。

　　楽譜 → バ

　　× これは(4)の逆になるので成り立たない。

C ピアノとバイオリンを教えることができれば、正子である。

　　ピ・バ → 正子

　　× ピ・バ → 正子 は(2)の逆になるので成り立たない。

D 音楽家ならば、バイオリンを教えることができる。

　　音楽家 → バ

　　× これは(3)の逆になるので成り立たない。

E 正子は楽譜が読める。

　　正子 → 楽譜

　　○ (5)より、正子は音楽家であるといえる。さらに(1)より、音楽家は楽譜を読むことができる。よって、正子は楽譜を読むことができるといえる。

　　　　　　　　　　　　　　　　　　　　　　　答えはEです。

|POINT| ・流れを「→、←、＝」など、記号を工夫して書けるようにしておく。

▷ P23　課題3

ブラックボックス

I 非言語編 11

ボックスの演算ルールを素早くつかむ

ある数値を入力すると、一定の規則で変化や演算をして新たな数値を出力する「黒い箱」のことです。装置に数値を入力して出力される数値を求める問題や、変化する装置の規則性を見つける問題など、いくつかのパターンがあります。

SAMPLE

ある数値を入力したとき、例のような規則で出力する2つの装置P, Qがある。P・Q 2つの装置をつないで下のような回路を作り、3を入力したとき、出力されるXの数値はどれか。

〈P装置〉　　　　　　　〈Q装置〉

(例)　　5 → P → 13　　　1 → Q → 2

　　　　6 → P → 15　　　4 → Q → 11

　　　12 → P → 27　　　8 → Q → 23

(回路)　3 → P → Q → X

A 22　　B 24　　C 26　　D 28
E 30　　F 32　　G 34　　H 36

STEP 1　P装置の働きを見破る

この問題では「3→P→Q→X」におけるXを求めます。そのためには、P, Q

がそれぞれどんな規則によって、入力された数を出力する装置であるのかを、(例)をもとにしてすばやく発見して(それぞれの装置の規則性を発見して)、それを下の回路にあてはめて計算することになります。

　まず、P装置についてあげられた3つの(例)から、この装置がどんな働きをしているのかを発見します。とくに「発見のし方」についての公式などはありません。ただし、装置の働き(入力された数値をどのような規則によって変化させて出力するのか)については、それほど複雑なものは出されません。基本的には、「＋－×÷」の四則算を組み合わせたもの、または四則算以外のある一定の規則(たとえば、正の数を入力すると、すべて1にする、など)に基づいて出力するものです。

　一般に、最初に足し算→引き算→掛け算→割り算などの単純な四則計算から考えます。ただし、左側に書かれる入力数と、右側に書かれる出力数を見比べて、掛け算や割り算などをすばやく適用できるように練習を積むことも重要です。5→P→13の例をいくつか考えてみましょう。なお、SPI検査のブラックボックス問題では、小数や分数を使う演算はほとんど出題されません。四則計算のいずれも、整数(正の整数,負の整数, 0を含む)を使った演算と考えてよいでしょう。

　では、サンプルのP装置は、どんな働きをするブラックボックスでしょうか。

　　5　→　$\boxed{P}$　→　13

　(例)　① $5 + ◆ = 13$　　　この場合、$◆ = 8$
　　　　② $5 × ◎ = 13$　　　この場合、◎の整数値は存在しない
　　　　③ $5 × n + m = 13$　この場合は $n = 2, m = 3$
　　　　　　　　　　　　　　　　$n = 3, m = -2$　など

このように、1つの例から、すばやくいくつかの働きの例をあげることは、ブラックボックスの解答にあたっては重要なワザです。多くの練習を積ねて、入力数と出力数の関係をすばやく把握できるようにしておきたいものです。

　(例)の2つ目では、6を15に変化させています。

$6 \to \boxed{P} \to 15$

（例）① $6 + \blacklozenge = 15$　　　　この場合、$\blacklozenge = 9$

　　　② $6 × ◎ = 15$　　　　この場合、◎の整数値は存在しない

　　　③ $6 × n + m = 15$　　この場合は n = 2, m = 3

　　　　　　　　　　　　　　　　　　n = 3, m = −3　　など

　この場合は、「入力数 + 9」、「入力数 × 2 + 3」、「入力数 × 3 − 3」などの働きが考えられます。

　1つ目の（例）と、2つ目の（例）に共通する働きはありますか。

「入力数 × 2 + 3」

が共通しています。試しに、この働きを3つ目の12と27にもあてはめてみると、　12 × 2 + 3 = 27　となります。

　このように、3つ以上の（例）があげられている問題では、1つ目と2つ目の（例）で規則性を発見し、3つ目以後はその検算に使うとよいでしょう。

STEP 2　Q装置の働きを見破る

　続いて、P装置と同様に、Q装置の働きも見ておきましょう。

$1 \to \boxed{Q} \to 2$

（例）① $1 + \blacklozenge = 2$　　　　この場合は $\blacklozenge = 1$

　　　② $1 × ◎ = 2$　　　　　この場合は ◎ = 2

　　　③ $1 × n + m = 2$　　　この場合は n = 1, m = 1

　　　　　　　　　　　　　　　　　　n = 2, m = 0

　　　　　　　　　　　　　　　　　　n = 3, m = −1

　　　　　　　　　　　　　　　　　　n = −1, m = 3　　など

　続いて2つ目の（例）を見ていきます。4→Q→11ですから、同様に考えられる（例）は、「入力数 + 7」、「入力数 × 2 + 3」、「入力数 × 3 − 1」、「入力数 × 4 − 5」…などです。1つ目の（例）と2つ目の（例）に共通する働きはあるでしょうか。

「入力数 × 3 − 1」

が共通しています。試しに、この働きを3つ目の8と23にもあてはめてみると、

8×3−1 = 23　となり、ぴったり一致することがわかります。これより、Q装置の働きがわかりました。

STEP 3　回路の出力数を求める

　P装置、Q装置がそれぞれどんな働きをするのかがわかりました。そこで、図に示された回路に3を入力したとき、出力されるXを求めてみましょう。まず、P装置に3を入力します。

　P装置は、「入力数×2＋3」の計算をして出力する装置ですから、
　　3×2＋3＝9
となり、9を出力することがわかります。ここで出力された9が、次のQ装置に入力されることになります。

　Q装置は、「入力数×3−1」の計算をして出力する装置ですから、
　　9×3−1＝26
となり、26を出力します。これより、Xは26になります。答えはCです。

▷ P25　課題1

　なお、装置については、次のようなものも出題されることがあるので注意しておきましょう。

1　0を入力すると1を出力し、1を入力すると0を出力する装置。
2　2つの入力数が同じ場合は1、異なる場合は0を出力する装置。
3　正の数を入力する場合は1、負の数を入力する場合は−1、0を入力する場合は0を出力する装置。
4　入力された2つの数の絶対値の和や差を出力する装置。

　また、サンプルでは、装置に数値を入れて出力される数を求める問題をとりあげましたが、これ以外に装置の規則性を求めるパターンもあります。すばやく問題の趣旨を把握できるように練習をしておきましょう。

POINT　・(例)の装置の働きを、四則算を組み合わせて見つける。

▷ P27　課題2

I 非言語編

12 フローチャート

チャート図のパターンに慣れよう

　与えられた条件にしたがって処理をする過程を図で表したものをフローチャートといいます。矢印の方向に進みつつ、条件を確認して、どの処理をするのかを判断すること（これをアルゴリズムという）が要求されます。とくに問題文と流れ図の正確な対応に注意して解答する必要があります。

SAMPLE

　あるスポーツクラブでは、ゴルフと水泳の練習ができる。クラブ入会については、次のような規則になっている。
① 入会金は5000円である。
② ただし、過去に会員であった人や、家族がすでに会員である人は入会金が免除される。
③ ②に該当しない人でも、ゴルフと水泳をともに練習する人は、入会金は3000円になる。
④ それぞれの毎月の練習料金は、ゴルフが5000円、水泳は4000円である。
　以上の規則に基づいて、入会した月に必要な費用（入会金と練習料金の合計）を調べるためのフローチャートを表す。このとき、図中 d に該当する金額はどれか。

A　4000円	B　5000円	C　6000円	D　7000円
E　8000円	F　9000円	G　11000円	H　12000円

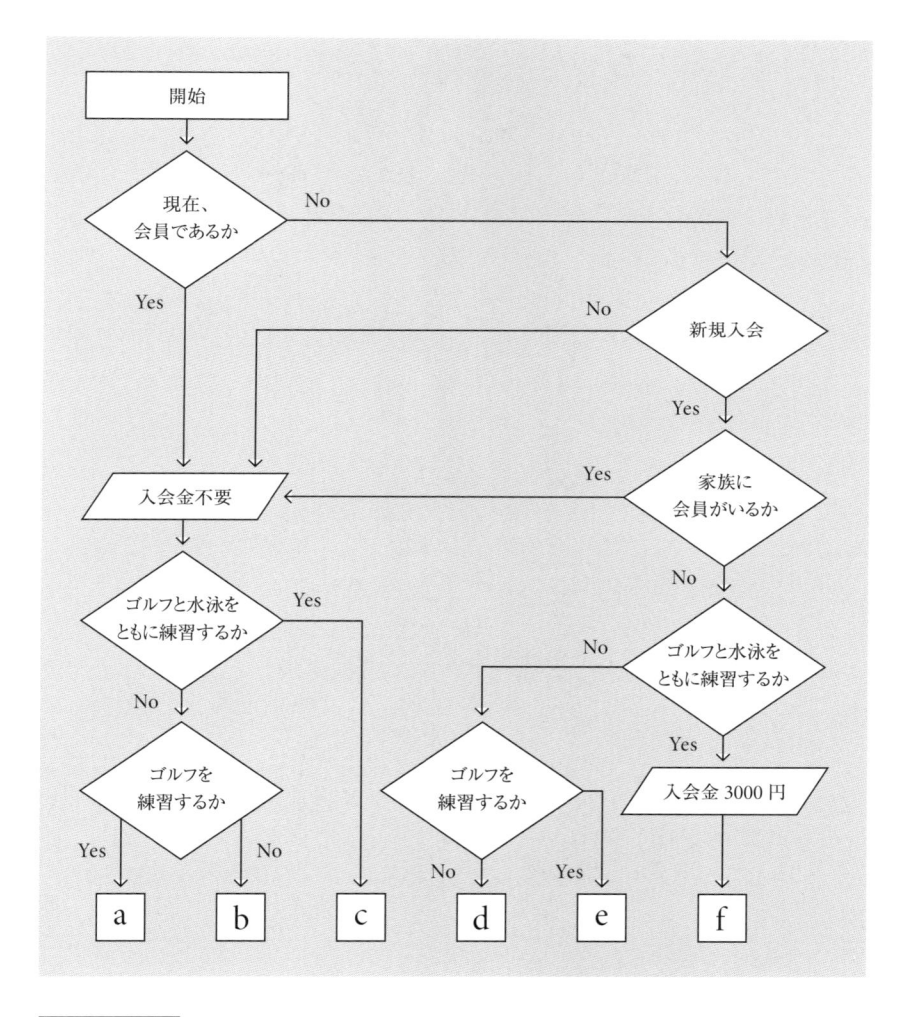

STEP 1 フローチャートの見方に慣れる

　処理手順を流れ図に表したものがフローチャートです。慣れない間は判断に時間がかかりますが、練習を重ねることで、しだいにすばやく理解できるようになります。

　一般に、SPI検査のフローチャート問題では、次のようにマークを使い分けています。

☐ または ▭ …作業進行（開始・終了など）
▱ …データ
◇ …分岐条件

このうち、ひし形で示される「分岐条件」に注目することが大切です。このマークが使われるときは、「イエス」または「ノー」などの選択が示されます。問題文において、「…の場合は」などと表現された箇所に相当します。

STEP 2　問題文とフローチャートを対応させる

フローチャートの問題では、図を正確に理解することはもちろんですが、問題文のどの箇所が、図ではどこに表されているのか、また図の分岐条件が何を判断するものなのかを正確に把握する必要があります。

それぞれの条件がはっきりした時点で、矢印の先にメモをしながら、考えるとわかりやすくなります。（例　新規・家族あり・ゴルフなど）

サンプルでは、まず入会金について考えます。現在会員である人（当月以前に入会した人）は、当然その月に入会金を支払うことはありません。「開始」の次の「現在、会員であるか」でYesの場合は、「入会金不要」に進みます。しかし現在会員でない人は、Noのマークにしたがって、チャート図の右側に進みます。問題に問われている d は、こちらのケースになります。

では、図の右側に視点を移して、順に条件について見ていきましょう。

この設問に問われている d の条件を満たす人をdさんとしてみましょう。

dさんは、「新規入会か」→Yes　に該当します。新規入会とは、現在の会員、または再入会した人以外の人のことです。新規入会には、入会金が発生し、そうでない場合は入会金は免除されるという違いがあります。

しかし、新規入会の場合でも別の条件がありました。家族がすでに会員であるかどうかです。流れ図より、dさんは、この「家族に会員がいるか」という条件についても、Noになります。この条件のYesとNoのどちらのサイドにdが位置するかをよく見きわめてください。

以上の流れによって、dさんは
＊現在、会員ではない。つまり新規会員である。
＊家族に会員がいない。

ことがわかります。したがって、入会金は免除になりません。

次に、「ゴルフと水泳をともに練習するか」について、流れ図よりdさんはNoの分類に入ることがわかります。dさんは、ゴルフか水泳のどちらか一つを練習する目的で、新規に入会した人物なのです。したがって、ここまでの条件により、入会金は5000円が必要になります。

次に、「ゴルフを練習するか」の条件では、dさんはNoの選択です。ゴルフを練習しなければ、自動的に水泳を練習することになります。水泳の練習料金は4000円です。したがって、dさんが当月に支払うのは、入会金5000円と、水泳練習料金4000円の、あわせて9000円になります。答えはFですね。

|POINT|・フローチャートは、矢印の先に、導かれた結果をメモしながら解答する。

▷ P29　課題1

　フローチャート問題は、サンプルにあげた分岐条件にしたがって解答を求めるパターンのほかに、処理を繰り返すパターンもあります。たとえば、「100から17を引き算するとき、何度その作業を繰り返すことができるか」というような問題です。

　この繰り返しパターンでは、
　$>, \geq, <, \leq$　などの記号が使われる問題が多いので、これらの記号の意味も確認しておきましょう。

　たとえば、$n \geq m$　は、nがmと等しいか、または大きいことを表します。

▷ P31　課題2

I 非言語編
13 グラフと領域

与えられた条件の領域にアミカケをする

　1次関数や2次関数について、直線や放物線のグラフで分けられた平面を、与えられた条件から指摘する問題です。簡単なグラフの見方と、不等号の意味などを確認して臨みましょう。

確認事項

① **1次関数のグラフ…直線**になる。**y = ax + b** で表す。
- aを直線の傾き、bを切片という。
- aがプラス（正の数）の場合、グラフは右上り、aがマイナス（負の数）の場合、グラフは左上り。
- bは、そのグラフがy軸のどの目盛りを通るかを表す。

② **2次関数のグラフ…放物線**になる。**y = ax² + b** で表す。
（2次関数は一般に y = ax² + bx + c で表すが、SPIではこの形は出ないと考えてよい。）
- aがプラス（正の数）の場合はグラフは下向き（∪の形）、aがマイナス（負の数）の場合はグラフは上向き（∩の形）。
- bは、そのグラフがy軸のどの目盛りを通るかを表す。

③ **1次関数・2次関数とも、xまたはx²の前につく数が1の場合は、「1」を書かない。**（例）y = -x + 3 は、y = -1x + 3 のこと。

④ **特別な式**
- **x = a** → y軸に平行な縦の直線
　（x = 0 はy軸を表す）
- **y = b** → x軸に平行な横の直線
　（y = 0 はx軸を表す）

⑤ **不等式の領域**

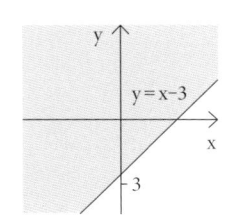

図1

y＞x−3　→　1次関数y＝x−3のグラフの**上の領域**になる（図1）。

▷ P33　課題1

SAMPLE

次のグラフは、3つの式によって示される直線と放物線である。これについて、下の〔問い〕に答えよ。

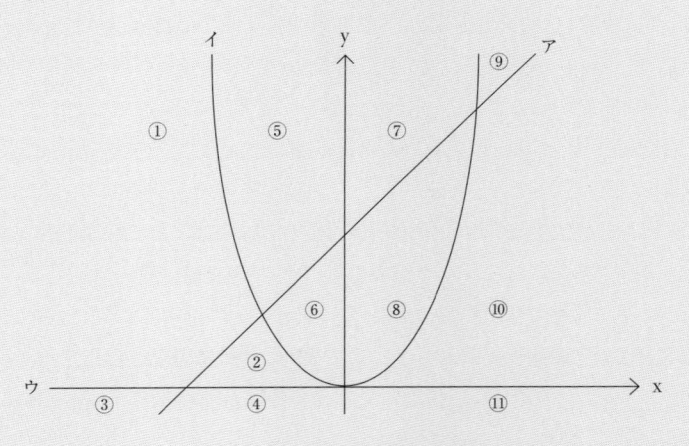

ア　$y = x + 4$　　イ　$y = 2x^2$　　ウ　$y = 0$

〔問い〕ア～ウの等号（＝）の式を、②の領域を表すように不等号に変えるとき、右開きの不等号（「＜」）になるのは、次のうちどれか。

A　アだけ　　B　イだけ　　C　ウだけ　　D　アとイ
E　アとウ　　F　イとウ　　G　アとイとウ　H　いずれでもない

STEP 1　②の領域は直線y＝x＋4の上にあるか、下にあるか

不等号を用いて、与えられたグラフの上の領域か下の領域かをすばやく見分けられるように習熟しておくことが大切です。

y = x + 4（図中ではアの直線）の「＝」（等号）を「＞,＜」（不等号）に変えた場合の、それぞれの領域は次の図のように表すことができます。

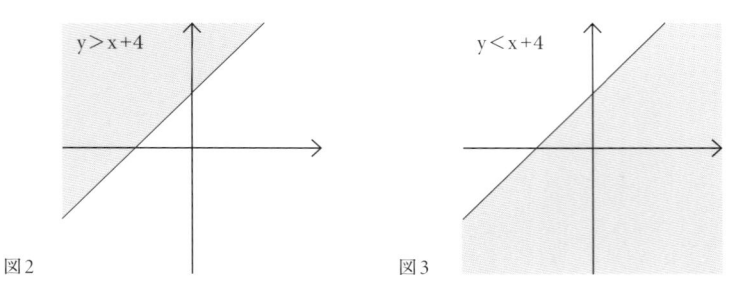

y＞x+4

y＜x+4

図2　　　　　　　　　　　図3

直線の方程式の上の領域が　y＞ax+b、下の領域が　y＜ax+b　になります。これは、直線が右上がり（aの値が正）の場合でも、左上がり（aの値が負）の場合でも同じです。

②は、直線アの下にある（問題図では直線アの上が、左から順に③①⑤⑦⑨、それ以外が下）ので、y＜x+4　の領域にあるといえます。

等号を不等号に変化するパターンの問題では、問題とされる範囲が、グラフの「上」にあるか「下」にあるかを調べていくことで解答が得られます。

POINT　・「y＞●●」はそのグラフより上、「y＜●●」はそのグラフより下。

▷P34　**課題2**

STEP 2　②は放物線 $y=2x^2$ の上にあるか、下にあるか

次に、②の領域が放物線（2次関数の曲線）の上にあるか下にあるかを調べましょう。

$y=2x^2$ の「＝」を「＞,＜」に変えた場合の領域は次ページの図4、図5のようになります。

この場合も、直線と同じように、放物線の方程式の上の領域が「y＞ax²+b」、下の領域が「y＜ax²+b」になります。放物線が下向き（∪の形）でも、上向き（∩の形）でも、同じように考えます。

②は、放物線イの下にある（問題図では、放物線イの上が⑤⑥⑦⑧、それ以外が下）ので、y＜2x²の領域にあるといえます。

$y > 2x^2$ 図4

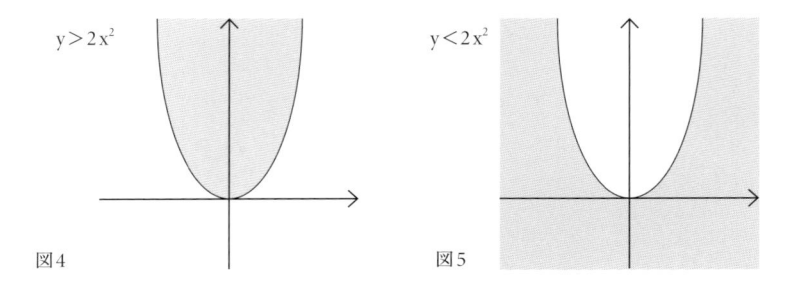

$y < 2x^2$ 図5

STEP 3　②は直線 y = 0 の上にあるか、下にあるか

　y = 0 は、「確認事項④」で見たように、x軸のことです。指定された領域がx軸より上にあるか、下にあるかを判断しますが、ここでは②はx軸の上にあります（問題図では、①②⑤⑥⑦⑧⑨⑩がx軸の上）。

　つまり、yが正の領域なので、y＞0と表すことができます。x軸より上はy＞0、下はy＜0です。

▷ P35　課題3

STEP 4　3つの判断を総合する

　②の領域は、直線 y = x + 4 より下にあるので、y＜x + 4の領域であるといえます。また、放物線 y = 2x² よりも下にあるので、y＜2x²の領域であるといえます。さらに、x軸より上にあるので、y＞0の領域にあります。

　これより、ア、イの2つの方程式の等号（「＝」）が右開きの不等号（「＜」）に変わるので、答えは**D**です。

POINT　・指示されている領域を鉛筆でぬり、どのグラフの上または下（または右、左）にあるかを確認する。

▷ P36　課題4

13　グラフと領域

I 非言語編 14 経路

直前の大文字×直前の小文字で求める

　人や物の流れとその経路の比率を図示して、あてはまる式や実数・割合などの数値を求める問題です。一見すると複雑そうですが、実際は代入や展開などで解くことができます。設問の前に、その問題のシステムについて長い説明が置かれることが多く、この説明を正しく理解することが重要です。

【経路の基本】

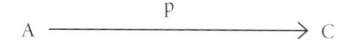

$$A \xrightarrow{p} C$$

A：もとになる実数（たとえば、□□会社で生産した商品の数）。
p：AからCに向かう比率（たとえば、□□会社で生産した商品のうち、どれだけの割合を△△会社に販売するのか、その割合）。
C：受ける実数（たとえば、△△会社が□□会社から買い入れた商品の実数）。
　これは、$A \times p = C$（$C = pA$）の式で表すことができます。これが経路問題の基本です。

　たとえばA社で100個の商品を生産し、その40％をC社に販売した場合、C社の仕入れ数は$100 \times 40(\%) = 40$個です。
　△△会社は、商品を□□会社以外からも買い入れる可能性があり、逆に□□会社は△△会社以外にも販売する可能性があります。また、いったん買い入れた商品を、他の会社に売ることもあります。「経路」の問題では、商品や人の流れをその比率で表し、商品の価格や利益・損失については考えません。
　SPI検査では、A, pなどの文字だけの式の正誤を問うパターンと、実際の数値を求めるパターンの2種類がありますが、考え方はどちらも同じです。

SAMPLE

〔流れのパターンの図式化に関する説明〕

　ある製品が複数の会社を経由して納品される物の流れを表す場合、W社が出荷した製品が比率aでX社に入荷された時、これを次の図1のように示す。

$$W \xrightarrow{a} X \qquad 図1$$

　この場合W社とX社が取り扱う製品の数をそれぞれW、XとするとX = aWが成り立つ。

　同様にW社がY社に比率aで製品を出荷した場合、Z社がY社に比率bで製品を出荷した場合を次の図2のように示す。

$$\begin{matrix} W & \xrightarrow{a} & \\ & & Y \\ Z & \xrightarrow{b} & \end{matrix} \qquad 図2$$

この場合　Y = aW + bZが成り立つ。

　また、W社からX社に比率aで出荷したもののうちX社を経由して、さらにY社に比率bで出荷された場合、これを次の図3のように示す。

$$W \xrightarrow{a} X \xrightarrow{b} Y \qquad 図3$$

この場合　Y = bXが成り立ち、またXはaWで計算できるから、
Y = b(aW) = abWとも表す。
また、文字式については、
(a+b) W = aW + bW
c(a+b) W = acW + bcWのような一般的演算は成り立つとする。

〔問い〕上記の条件で作成した下の図を表す式として適切なものはどれか。

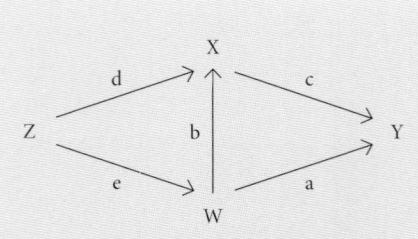

ア　$Y = cX + aW$
イ　$Y = cdZ + cbeZ$
ウ　$Y = c(dZ + bW) + aW$

A　アだけ　　B　イだけ　　C　ウだけ　　D　アとイ
E　アとウ　　F　イとウ　　G　アとイとウ　H　いずれでもない

STEP 1　ア〜ウの式を1つずつ検証する

ア, イ, ウの式を1つずつ検証していきます。まずアからみていきましょう。
$Y = cX + aW$

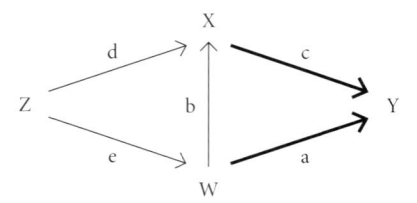

　図の右側の2本の⟶に着目します。これは〔流れのパターンの図式化に関する説明〕の「図2」のパターンに当たります。

　Yが、2か所（ここではXとW）から出た⟶を受ける形です。2本の⟶のすべてが式に表されていなければなりません。

　この場合では、上の⟶はcX、下の⟶はaWと表すことができ、Yが受ける⟶の両方が式に表されており、かつその文字と比率も正しいので、アは適切といえます。

　次にイを検証します。　　$Y = \underbrace{cdZ}_{①} + \underbrace{cbeZ}_{②}$

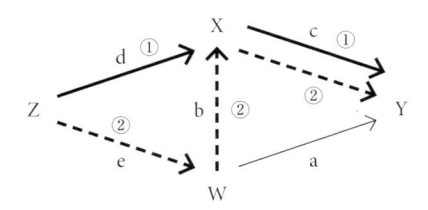

$Y = cdZ + cbeZ$ の右辺のうち、cdZ の項は上図の①の ───→ の流れ、$cbeZ$ の項は②の ---→ の流れになります。この図より、Y が受ける 2 本の ───→ のうち、上の ───→ は式に表されています（①＋②）が、下の ───→ は式に表されていないことがわかります。したがって、**イ**の式は、正しくありません。

続いて、**ウ**の式をみてみましょう。

ウ　$Y = c(dZ + bW) + aW$

〔流れのパターンの図式化に関する説明〕より、一般の演算と同様に右辺を展開します。

$Y = cdZ + cbW + aW$

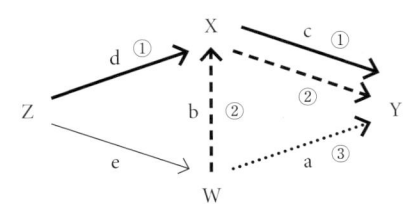

$Y = cdZ + cbW + aW$ の右辺のうち、項 cdZ は上図の①の流れ、項 cbW は②の流れ、項 aW は③の流れになります。Y が受ける 2 本の ───→ のすべてが式に表されています。（上の ───→ は①＋②、下の ───→ は③）

したがって、**ウ**は正しいことがわかります。　　　　　　　　答えは **E** です。

Y に届く ───→ が 1 本の場合はその 1 本について、複数の場合はすべてが式に表され、各項の文字がそれぞれ正しいことを確認して答えることが大切です。

|POINT|　・複数の経路があるときは、すべてを書き出す。

▷ P37　**課題1**

経路の問題には、サンプルで示したパターンのほかに、比率を求める問題、経路の到着点または出発点や中間点の数値を求める問題などがあります。

▷ P39　**課題2**

I 非言語編
15 資料解釈
データから隠れた数値を読み取る

　図表などによって与えられたデータにもとづいて、問われる数値を求める問題です。図表の数値の単位を正確に読み取り、その数値が何を意味するのかを確認しながら計算します。計算そのものはそれほど難しい計算ではありません。あせってすぐに計算に入らず、まずはじっくり図表をながめることから始めます。とくに解法の公式や決まったパターンはありません。

SAMPLE 1

　次の表はある県の人口の上位4市の人口・面積・住民1人あたりの公園面積をまとめたものである。

市名	人口 （千人）	面積 (km^2)	1人あたり公園面積 (m^2／人)
P	3,681	437	2.0
Q	1,420	140	2.8
R	714	328	3.2
S	418	100	4.7

(1) 人口密度の最も多いのは次のうちどれか。

　A P市　　**B** Q市　　**C** R市　　**D** S市

(2) Q市の公園面積がこの県の公園面積全体の9%にあたるとき、この県全体のおよその公園面積は次のうちどれか。

　A 14km^2　　**B** 24km^2　　**C** 34km^2　　**D** 44km^2
　E 54km^2　　**F** 64km^2　　**G** 74km^2　　**H** 84km^2

STEP 1 人口密度は、人口÷面積で求める

(1)は、各市の人口密度を求める問題です。人口密度とは、1km²につき何人の人が住んでいるのかを表す数値で、人口(人)÷面積(km²)で求めます。

示されている図は、人口の単位が(千人)であることに注意しましょう。たとえば、P市の人口は3,681(千人)とありますが、これは3,681,000人を表します。単位を(人)に直して各市の人口密度を計算してみます。

P市　3,681,000(人)÷437(km²)≒ 8,423(人／km²)
Q市　1,420,000(人)÷140(km²)≒10,143(人／km²)
R市　　714,000(人)÷328(km²)≒ 2,177(人／km²)
S市　　418,000(人)÷100(km²)≒　418(人／km²)

実際のSPIにおいては、ここにあげたように詳しく計算する必要はなく、概算で出してもよいでしょう。

また、どの市の人口密度が最も多いのかさえ分かればよいことに着目して、次のように答えることもできます。

市名	人口 (千人)	面積 (km²)
P	3,681	437
Q	1,420	140
R	714	328
S	418	100

←Q市だけ、人口が面積の10倍以上。

人口をこの表のように千人単位で考え、大ざっぱに計算してみると、人口(表の左の数値)÷面積(表の右の数値)の値が10を超える(左の数値が右の数値の10倍以上である)のはQ市だけであることが一目で読み取れます。このように、計算をせずに、「どれが最も多くなるか」を読み取れるようにしておくと、本番ではすばやく解答することができます。　　　答えは**B**です。

POINT　・計算しなくても、概算の値を比較して答えられる場合は、概算値で答える。

▷ P41　課題1

STEP 2 1人あたりの公園面積から、その市の公園面積を求める

(2)は、(1)に比べると、少し複雑です。1回の計算で答えを求めることはできません。

1人あたりの公園面積は、その県または市全体の公園面積÷人口の式で求めることができます。その市全体の公園面積が多いほど、または人口が少ないほど、1人あたりの公園面積は多くなります。

Q市では、この数値が$2.8m^2$ですから、Q市全体の公園面積は、
$2.8 (m^2) × 1,420,000 (人) = 3,976,000m^2$　となります。

なお　$1 km^2 = 1000m × 1000m = 1,000,000m^2$（下図）
ですから、
$3,976,000m^2 = 3.976km^2$になります。

これが、県全体の公園面積の9％にあたるとされています。

県全体の公園面積 × $0.09 = 3.976 (km^2)$
なので、
県全体の公園面積 $= 3.976 ÷ 0.09 = 44.2(km^2)$
となります。

この場合も、このような面倒な計算をなるべく省略して、
3.976　→　およそ4
0.09　→　およそ0.1　と考え、
$4 ÷ 0.1 = 40$　と概算で考えてもよいでしょう。

SPIでは、時間が限られているので、できるだけ効率的な計算方法を工夫することが大切です。また、選択肢は十位の数が異なっていますから、3.976を0.09で割り算すれば、最初に4が立つと考えて、$4□m^2$とある選択肢を選ぶこともできます。　　　　　　　　　　　　　　　　　　　答えは**D**です。

| POINT | ・式は丁寧に立て、計算はすばやくする。
　　　　　・概算で答えられるものは、概算で答える。

▷P42　課題2

SAMPLE 2

　下の表は、あるクラス48人の生徒の国語と数学のテスト結果をまとめたものである。(必要であれば、最後に小数点以下第2位を四捨五入すること。)

		国語の得点					
		5点	6点	7点	8点	9点	10点
数学の得点	5点	1	1				
	6点		2		2		
	7点			6	9	3	
	8点			1	2	1	1
	9点			4	7	4	
	10点				3		1

(1)　数学の成績が国語の成績よりよかった生徒の数は次のうちどれか。

　　A　6人　　　B　10人　　　C　12人　　　D　15人
　　E　17人　　 F　19人　　　G　20人　　　H　23人

(2)　国語が8点以上の生徒の数学の平均点は次のうちどれか。

　　A　6.4点　　B　6.8点　　C　7.3点　　D　7.5点
　　E　8.1点　　F　8.3点　　G　8.8点　　H　9.3点

STEP 1　同点ラインを引く

　(1)では、数学の成績と国語の成績を比較して、国語の成績のほうがよい生徒の数を求めます。

　「～より」の場合は、その数は含まれません。

　「～以上」「～以下」は、その数自体も含み、「～より」「～を超える」「～未満」などはその数自体は含みません。

　さて、この問題では表の国語と数学の得点を見くらべながら該当する生徒を

順に数えて答えを求めることもできます。

  国語6点 数学7点以上   0人
  国語7点 数学8点以上 8点 1人
            9点 4人
  国語8点 数学9点以上 9点 7人
            10点 3人
  国語9点 数学10点   0人

 設問に該当する生徒は、1＋4＋7＋3＝15 より 15人であることがわかります。

答えはDです。

 また、次のように国語と数学が同点を表すコマにラインを引き、このラインを基準として求めることもできます。

〔国語の得点と数学の得点が同じコマにラインを引く〕

		国語の得点					
		5点	6点	7点	8点	9点	10点
数学の得点	5点	1	1				
	6点		2		2		
	7点			6	9	3	
	8点			1	2	1	1
	9点			4	7	4	
	10点			3			1

 このラインより下側（ライン上の数は含まない）にある数値が、国語の得点よりも数学の得点がよかった生徒を表します。たとえば国語は7点だが、数学は7点よりよい、つまり8点以上の生徒は、ラインの下に表示される「1」「4」です。

 ラインの下にあるコマのうち、数値が存在するコマを色づけすると、上のようになります。色づけされたコマの数値を足すことで答えが求められます。

  1＋4＋7＋3＝15

STEP 2　（得点×人数+得点×人数+…）÷人数で平均点を求める

（2）は、平均点を求める問題ですが、条件を正しく把握することが大切です。
　国語が8点以上の生徒の数学の得点の平均点を求めます。得点表のコマのうち、該当部分を色づけしてみます。

		国語の得点					
		5点	6点	7点	8点	9点	10点
数学の得点	5点	1	1				
	6点		2		2		
	7点			6	9	3	
	8点			1	2	1	1
	9点			4	7	4	
	10点				3		1

数学6点　　2人　　　　　　　$6 \times 2 = 12$
数学7点　　$9 + 3 = 12$人　　$7 \times 12 = 84$
数学8点　　$2 + 1 + 1 = 4$人　$8 \times 4 = 32$
数学9点　　$7 + 4 = 11$人　　$9 \times 11 = 99$
数学10点　 $3 + 1 = 4$人　　　$10 \times 4 = 40$
得点の合計は　$12 + 84 + 32 + 99 + 40 = 267$
人数の合計は　$2 + 12 + 4 + 11 + 4 = 33$
平均点は　　　$267 \div 33 = 8.09\cdots$　小数点以下第2位を四捨五入すると8.1（点）
　　　　　　　　　　　　　　　　　　　　　　　　　答えはEです。

POINT　・分布図は求める部分の境界にラインを引く。

▷P44　課題4

推論

I 非言語編 16

わかるところから図表にする

　与えられた条件をもとに、確実に言えること、優勝したチーム、試合の勝敗、割り当てられた部屋、座る場所など、さまざまな結果や成績などを求める問題です。解法としては、各種の表を作成して検証するもの、図をかいて考えるもの、推理力をはたらかせるものなどがあります。「こうすれば解ける」という公式やルールはありません。数多くのパターンの問題を練習して、柔軟な思考力とすばやい解答力を養成しておきましょう。

SAMPLE 1

　安藤，石井，宇部，江口，岡本の5人が品物の交換会を行った。めいめいがそれぞれ1個ずつの品物を持ち寄って、品物にナンバーをつけ、くじびきで引き当てたナンバーの品物を受け取るものである。その際、次のようなことがわかった。

1　安藤の受け取った品物は、宇部が持ってきた品物ではなかった。
2　石井の受け取ったものは、宇部が持ってきた品物ではなかった。
3　江口は、安藤または石井が持ってきた品物を受け取った。
4　宇部は、石井または岡本が持ってきた品物を受け取った。
5　全員が、自分が持ってきた品物を引き当てることはなかった。

〔問い〕　宇部が持ってきた品物を受け取ったのは次のうちだれか。
A　安藤　　B　石井　　C　江口　　D　岡本

STEP 1 　与えられた条件を表にまとめる

　5人で、品物の交換をします。だれが持ってきた品物を受け取るのかは、くじびきで決めるのです。自分が持ってきた品物を自分で受け取るという可能性もありえますが、ここでは条件5により、そのケースはありませんでした。

　さて、解答の手がかりとしては、「表や図を作って考える」ことです。ここでは、下のような「リーグ戦」形式の表を作って解いてみましょう。

持って来た人 受け取る人	安藤	石井	宇部	江口	岡本
安藤	×5		×1		
石井		×5	×2		
宇部	×4		×5	×4	
江口			×3	×5	×3
岡本					×5

　推論の問題は、わかっていることを次々と表（またはグラフや図など）に書き入れていくことです。

　この問題では、「これはありえない」と判断できることを、表中に「×」印で書き入れてみましょう。

　たとえば、1「安藤の受け取った品物は、宇部が持ってきた品物ではなかった」という結果では、

　宇部→安藤（「→」…宇部の持ってきた品物は安藤が受け取ることを表す）は×になります。

　同様に、2の結果より、宇部→石井，3の結果より、宇部→江口，岡本→江口，4の結果より、安藤→宇部，江口→宇部がそれぞれ×になります。また5より、安藤→安藤などはすべて×になります。×の後の数字は、結果の番号を示しています。ここまで作成した表を見てみましょう。問われているのは、宇部が持ってきた品物をだれが受け取ったのかがわかればよいのです。5人が持参した品物を、それぞれだれがくじ引きで引き当てて受け取ったのかをすべて調べて答える必要はありません。要領よく解答することが必要です。

STEP 2　表から得られる情報をまとめる

　作成した表で、宇部のたて欄を見てみましょう。安藤、石井、宇部、江口の4人が×になっています。これは、この4人が宇部の持ってきた品物を受け取らないことを表しています。したがって、宇部の品物を受け取ることができるのは、空欄になっている岡本しかいないということです。これより、宇部→岡本が成立します。　　　　　　　　　　　　　　　　答えは**D**です。

POINT　・条件が箇条書きで与えられている場合は、表にまとめてみる。

▭▷P45 課題1

SAMPLE 2

　関東, 東海, 近畿, 四国, 九州の5地区代表のサッカー大会が開催された。試合は図に示したトーナメント形式で行われた。試合結果について、次の1～4のことがわかっているとき、確実にいえるものはどれか。

```
チーム①ー┐
　　　　　├─┐
チーム②ー┤　│
　　　　　　 ├─┐
チーム③ーー─┘  │
　　　　　　　　│
チーム④ー┐　　│
　　　　　├───┘
チーム⑤ー┘
```

（試合結果）
1　3回試合をしたチームはなかった。
2　関東を破った相手は、2回試合をした。
3　四国は、九州に勝った後、東海と対戦した。
4　近畿は、最初の試合で敗退したが、対戦相手が優勝した。

A　近畿は九州と対戦した。

B　九州は関東に勝った。
C　東海は、1回だけ試合をした。
D　1回だけ試合をしたのは近畿と九州である。
E　四国が優勝した。

STEP 1　与えられた〈試合結果〉を一つずつ検証する

　図と〈試合結果〉を一つずつ丁寧に検証していくことが大切です。注意することは、与えられている〈試合結果〉は1〜4ですが、必ずしもこの順に使用するとは限らないことです。〈試合結果〉に付けられた番号は、1→2→3→4の順に検証できるという順序を表すものではなく、4つのデータがあると考えるとよいでしょう。

　まず、試合結果1に着目しましょう。「3回試合をしたチームはなかった」とあります。ここから次のことが分かります。

　優勝したのは①または④・⑤の勝者のいずれかである（決勝では①と④・⑤の勝者が対戦した）。

　②または③が優勝するためには、3回の試合をする必要があります。これは〈試合結果〉1に合致しなくなります。

　ここで、④・⑤の勝者を仮に④としておきます。

　次に〈試合結果〉4に着目します。「近畿は、最初の試合で敗退したが、対戦相手が優勝した」とあります。ここまでの検証で、優勝したのは①または④です。近畿の対戦相手が優勝したということは、対戦相手が①ということはありません。近畿は2回戦に進出しなければ①と戦えないからです。そこで、対戦相手は④で、近畿は⑤になります。そして、④が優勝したことが分かります。【※】

　では、優勝チームはどこでしょう。

　試合結果2「関東を破った相手は、2回試合をした」より、関東ではありません。試合結果3「四国は、九州に勝った後、東海と対戦した」より、九州は四国に敗れているので、優勝していません。最初の試合で敗退した近畿でもあ

りません。つまり、優勝は東海または四国のいずれかになります（**図x**）。

図x

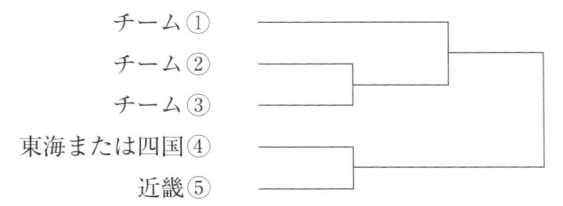

```
チーム①    ─┐
チーム②    ─┤─┐
チーム③    ─┘ │
東海または四国④ ─┐─┘
近畿⑤      ─┘
```

STEP 2　仮説を駆使する

ここまでの検証によって、優勝は東海または四国であることがわかりました。

では、四国が優勝したと仮定してみます。この場合、優勝チームは【※】より、④に入ることになりますが、これは試合結果3「四国は、九州に勝った後、東海と対戦した」に反することになります。したがって、優勝したのは東海であると確定できます。東海が④に入ります（**図y**）。

図y

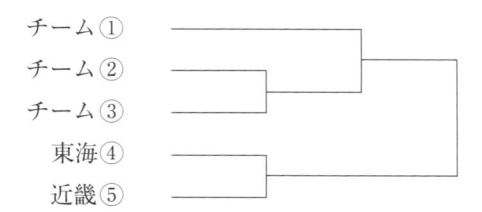

```
チーム①   ─┐
チーム②   ─┤─┐
チーム③   ─┘ │
東海④    ─┐─┘
近畿⑤    ─┘
```

また、四国が優勝した東海と対戦したのは、決勝戦になりますから、四国は①に入ります。仮に四国が②または③だとすれば、決勝戦で東海と対戦するには、3回目の試合になり、これは（試合結果）1に反するからです。

これより、②と③は関東と九州になります。この両者の勝者は試合結果2より、九州になります。九州は、最初の試合で関東に勝ち、次の試合で四国に敗れたことになります。

以上の結果より、トーナメント表は次のようになります。

54　I　非言語編

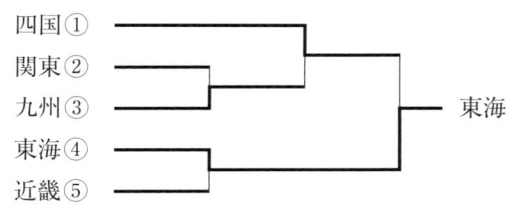

```
  四国①――┐
  関東②―┐ ├―┐
  九州③―┘ │ │
           ├―東海
  東海④―┐ │
  近畿⑤―┘―┘
```

選択肢は次のようになります。

A　近畿は九州と対戦した。　　　　　→近畿が対戦したのは東海のみ。
B　九州は関東に勝った。　　　　　　→正しい。
C　東海は、1回だけ試合をした。　　 →東海は2回試合をした。
D　1回だけ試合をしたのは近畿と九州である。→九州は2回試合をした。
E　四国が優勝した。　　　　　　　　→優勝したのは東海。

答えはBです。

> POINT ・「もし～とすれば」という仮説を立てて、その仮説が条件に合うかどうかを検証する。

SAMPLE 3

あるホテルの部屋は、下の図のように配置されている。

左	廊下			右
1	2	3	4	5

安藤，石井，宇部，江口，岡本の5人は、それぞれ割り当てられた部屋に入室した。

次のア～カの条件がわかっているとき、4号室に入ったのはだれか。

（条件）　ア　石井は5号室ではない。
　　　　　イ　宇部は安藤の隣ではない。
　　　　　ウ　江口は宇部の隣ではない。

エ　安藤は1号室ではない。
　オ　宇部は1号室でも5号室でもない。
　カ　安藤は、岡本より左側の部屋に入った。

A　安藤　　B　石井　　C　宇部　　D　江口　　E　岡本

STEP 1　入室した可能性のある部屋を図示する

　推論の問題は、最初から答えを求めようとせず、可能性のあるものを順序よく図示して、しだいに答えに迫っていく方法をとることが多いものです。
　まず、条件ア・エ・オを図示してみます（**図p**）。

（図p）

	廊下					
左	1	2	3	4	5	右
	石井 安藤 宇部	石井 安藤 宇部	石井 安藤 宇部	石井 安藤 宇部	安藤	

　このように、可能性のあるものをすべて図に書きこんでいきます。
　次に、条件カを考えてみましょう。「安藤は岡本より左側の部屋に入った」とあり、これより、安藤は5号室ではないことがわかります。なぜなら、安藤を5号室にすると、岡本は1〜4号室になり、この条件を満たさなくなるからです。これより、**図p**を改めて、**図q**にしてみます。

（図q）

	廊下					
左	1	2	3	4	5	右
	石井 安藤 宇部	石井 安藤 宇部 岡本	石井 安藤 宇部 岡本	石井 安藤 宇部 岡本	岡本	

　次に、条件イ「宇部は安藤の隣ではない」を検証してみます。宇部と安藤は隣り合わないことを図rに表すと次のようになります。宇部も安藤も、**図q**より、1号室および5号室ではないことに注意します。

(図r)

左	1	2	3	4	5	右
		安藤		宇部		
		宇部		安藤		

　安藤と宇部は、ともに2・4号室のいずれかに入るので、図rの組み合わせ以外には可能性がありません。ここまでの検証を図sで確認します。

(図s)

左	1	2	3	4	5	右
	石井		石井			
		安藤		安藤		
		宇部		宇部		
			岡本		岡本	

　次に、条件ウ「江口は宇部の隣ではない」を考えてみます。宇部は、2号室または4号室の可能性がありますが、仮に江口を3号室とすれば、宇部が2号室、4号室のいずれであっても、宇部と隣り合うことになり、この条件に反します。よって江口は3号室ではありません。また江口を5号室とすれば、条件ウより宇部は2号室になり、さらにこれより安藤は4号室になりますが、これは条件カの「安藤が入った部屋は、岡本が入った部屋よりも左側である」に反することになります。したがって、江口が5号室という仮定は成り立たず、江口は1号室以外にはありえないことがわかります。

　すると、石井は3号室、岡本は5号室が確定し、条件ウ「江口は宇部の隣ではない」より安藤が2号室、宇部は4号室になります（図t）。

(図t)

左	1	2	3	4	5	右
	江口	安藤	石井	宇部	岡本	

　図tが条件ア〜カに合致していることを確かめましょう。　　答えはCです。

|POINT|　・推論は、図示しやすい条件から順に図に書きこむ。
　　　　・考えられる可能性を網羅する。
　　　　・完成図はすべての条件を満たしているものであることを確かめる。

▷P47 課題2

物理問題

Ⅰ 非言語編 17

電流と動滑車の公式をマスターしよう

　SPI検査で出題される物理問題は、電気回路、滑車、投げ上げの3部門です。いずれも「難しい」というイメージを持つかもしれませんが、理論的な内容を問うのではなく、与えられた公式にわかっている数値をあてはめて答えるものです。問題パターンに慣れて、得点源にしたいものです。

Ⅰ 電気回路

公式　① オームの法則　　電流（I）×抵抗（R）＝電圧（V）
　　　② 抵抗の接続　　　直列つなぎ　$R = R_1 + R_2$

　　　　　　　　　　　　　並列つなぎ　$\dfrac{1}{R} = \dfrac{1}{R_1} + \dfrac{1}{R_2}$

SAMPLE 1

　抵抗のつなぎ方には、直列つなぎと並列つなぎがある。
＊図1のような抵抗のつなぎ方を直列つなぎという。
　2つの抵抗を直列につないだ場合の合成抵抗（R）は、次の式で表される。
　$R = R_1 + R_2$
＊図2のような抵抗のつなぎ方を並列つなぎという。
　2つの抵抗を並列につないだ場合の合成抵抗（R）は、次の式で表される。
　$\dfrac{1}{R} = \dfrac{1}{R_1} + \dfrac{1}{R_2}$

図1　(抵抗 R_1、R_2 が直列接続された回路図)
図2　(抵抗 R_1、R_2 が並列接続された回路図)

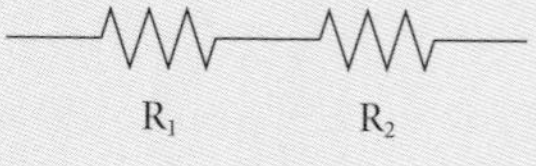

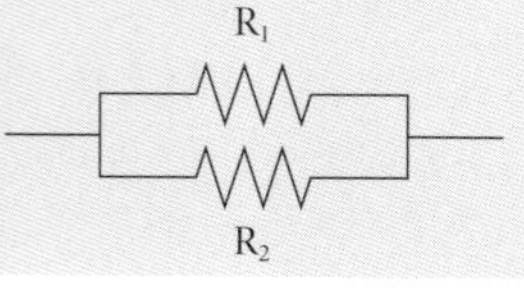

〔問い〕
(1) 10Ωの抵抗aと15Ωの抵抗bを図1のようにつないだ場合の合成抵抗は次のうちどれか。

　　A　5Ω　　　B　6Ω　　　C　8Ω　　　D　10Ω
　　E　15Ω　　F　20Ω　　G　25Ω　　H　30Ω

(2) 10Ωの抵抗aと15Ωの抵抗bを図2のようにつないだ場合の合成抵抗は次のうちどれか。

　　A　5Ω　　　B　6Ω　　　C　8Ω　　　D　10Ω
　　E　15Ω　　F　20Ω　　G　25Ω　　H　30Ω

STEP 1　直列つなぎを計算する

(1) 図1のつなぎ方を直列つなぎといいます。直列つなぎの場合の合成抵抗(それぞれの抵抗を合わせた抵抗)は、それぞれの抵抗の和になります。

　ここでは、抵抗a10Ω＋抵抗b15Ω＝25Ω　これが求める抵抗になります。

　　　　　　　　　　　　　　　　　　　　　　答えは**G**です。

POINT　・直列つなぎの合成抵抗はそれぞれの抵抗の和で求める。

▷P49 課題1

STEP 2　並列つなぎは分数の計算に注意する

(2) 図2のつなぎ方を並列つなぎといいます。並列つなぎの場合の合成抵抗は、それぞれの抵抗の逆数(分数なら分子と分母を入れかえたもの)の和を求め、さらにその答えを逆数にします。

　R_1を10Ω、R_2を15Ωの抵抗とします。まず、この2つを逆数にして足し算をします。

　10の逆数は$\frac{1}{10}$　　15の逆数は$\frac{1}{15}$ですから、

　$\frac{1}{10}+\frac{1}{15}=\frac{3}{30}+\frac{2}{30}=\frac{5}{30}=\frac{1}{6}$

$\dfrac{1}{R}$ のRが求める答えですから、ここではR = 6

よって、求める抵抗は6Ωです。　　　　　　　　　　　　　　答えは**B**です。

|POINT|　・並列つなぎの合成抵抗は、それぞれの抵抗の逆数を足し算し、その答えをさらに逆数にして求める。

▷P50 課題2

Ⅱ　滑車

滑車には、定滑車と動滑車があります。

定滑車 → 滑車の回転軸が固定され、滑車は上下に動かない。

動滑車 → 滑車の回転軸が固定されず、滑車は上下に動く。

定滑車　　　　　　　　　　　　　　動滑車

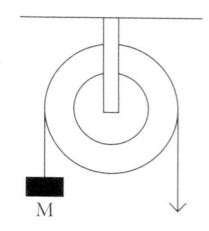

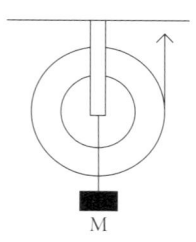

滑車の公式

① 　定滑車　　綱を引く力の大きさ＝物体の重さ

　　　　　　　綱を引く距離＝物体の動く距離

② 　動滑車　　綱を引く力の大きさ＝物体の重さ×$\dfrac{1}{2}$

　　　　　　　綱を引く距離＝物体の動く距離×2

SAMPLE 2

次の図のような装置について、物体を30cm引き上げたい。必要な力の大きさと綱の移動距離の組み合わせとして正しいものはどれか。ただし滑車と綱自体の重さと摩擦は考えないものとする。

A	5kg	15cm
B	10kg	20cm
C	10kg	15cm
D	20kg	30cm
E	10kg	60cm
F	40kg	30cm
G	10kg	30cm
H	20kg	60cm

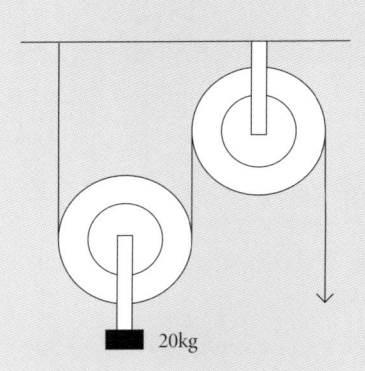

STEP 1 動滑車の数に着目して答えを求める

この図では動滑車が1個なので、物体を引く力は物体の重さの$\frac{1}{2}$です。したがって　$20\text{kg} \times \frac{1}{2} = 10\text{kg}$になります。

また綱の移動距離は、物体の移動距離の2倍になりますから $30\text{cm} \times 2 = 60\text{cm}$です。　　　　　　　　　　　　　　答えは**E**です。

POINT　・滑車問題では、定滑車は無視して、動滑車の数に着目する。

▷P51 課題3

Ⅲ 投げ上げ

物体（ボールなど）を投げ上げたときのn秒後の高さや、その物体が再び地

上に到達する時間などを求める問題です。投げ上げ問題は、かならず公式が与えられます。ここに、数値を正しく代入し、答えを出します。

SAMPLE 3

初速度V_0(m/s)で真上に投げ上げた物体のt(秒)後の速さV(m/s)と物体の地上からの高さh(m)との関係は次の式で表される。ただし、空気抵抗と投げ上げた人の身長は無視する。

$V = V_0 - gt$

$h = V_0 t - \frac{1}{2}gt^2$　　ただし重力加速度g=10(m/s²)とする。

(1) ある人がボールを初速度25m/sで真上に投げ上げた。このボールの1秒後の速さは次のうちどれか。

　A　3m/s　　B　4m/s　　C　5m/s　　D　10m/s
　E　15m/s　 F　20m/s　　G　25m/s　 H　30m/s

(2) (1)の場合、このボールが落下して再び地上に到達するのは何秒後か。

　A　1秒後　　B　2秒後　　C　3秒後　　D　4秒後
　E　5秒後　　F　6秒後　　G　7秒後　　H　8秒後

(3) (1)・(2)の投げ上げられるボールの最高到達点は次のうちどれか。

　A　31.25m　 B　41.25m　 C　51.25m　 D　61.25m
　E　71.25m　 F　81.25m　 G　91.25m　 H　101.25m

STEP 1　公式に正しく代入する

公式や、重力加速度などの用語の意味を理解したり覚えたりする必要はありません。その都度問題に示されるからです。大切なことは、公式に数値を正しく代入して、正確に計算することです。

（1）では、t秒後の速さV（m/s）を求めるので、2つの公式のうち、初めの公式を用います。$V = V_0 - gt$ において、$V_0 = 25$（m/s），$g = 10$（m/s²），$t = 1$ を代入すると、$V = 25 - 10 \times 1 = 25 - 10 = 15$（m/s）になります。

答えはEです。

STEP 2　ボールが落下して地上に達した時の高さは0（m）

続いて（2）ですが、ボールの動きを考えてみます。投げ上げたときと、落下して地上に到着したときの高さは0です。高さに関する2つ目の式

$h = V_0 t - \dfrac{1}{2} g t^2$ の公式に、$h = 0$，$V_0 = 25$，$g = 10$ を代入します。

$0 = 25t - \dfrac{1}{2} \times 10 \times t^2$

$0 = 25t - 5t^2$

$0 = 5t(5 - t)$

$t = 0.5$　これより5秒後になります。

答えはEです。

STEP 3　ボールの最高点到達時間は、落下時間の半分

続いて（3）です。全体で5秒間移動するので、投げ上げてから2.5秒後に最高点に達することがわかります。

2.5秒後の高さを求めます。

$h = V_0 t - \dfrac{1}{2} g t^2$ の公式に $V_0 = 25$，$t = 2.5$，$g = 10$ を代入します。

$h = 25 \times 2.5 - \dfrac{1}{2} \times 10 \times (2.5)^2$

これより $h = 31.25$（m）　となります。

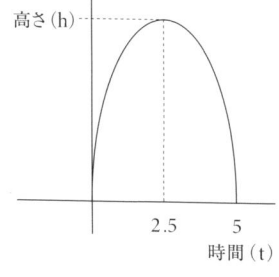

答えはAです。

|POINT|・投げ上げ問題は、数値を代入する公式をすばやく見つける。

II 言語編 18

2語の関係

「2語の関係」は、SPI検査独特の出題形式

　「2語の関係」は、SPI検査独特の出題形式であり、高校・大学入試などで出されることはほとんどありません。ですから、問題の形式と一定の解法を把握し、習熟するまで練習することが必要です。

SAMPLE

　（例）に示された2語の関係を考え、これと同じ関係を示す対を選びなさい。
　（例）接眼レンズ：顕微鏡

ア　飛行機：交通機関
イ　キーボード：パソコン
ウ　マンション：ベランダ

A　アだけ　　　B　イだけ　　　C　ウだけ
D　アとイ　　　E　アとウ　　　F　イとウ

STEP 1　（例）に示された2語の関係に注目する

　サンプルの問題を見てみましょう。
　ここで問われているのは、（例）の「接眼レンズ」と「顕微鏡」の2つの言葉をイメージして、その関係をとらえたうえで、同じ関係のものをア～ウから選ぶ、ということです。
　まず、あたりまえのことですが、（例）に与えられている2語の関係を捉える

ことからスタートします。

　ここでは、「接眼レンズ」は「顕微鏡」の一つの部品、つまり「部分」であることに気づくことが大切です。この「関係」に気づくことが、最初の山になります。なお、何の関係もない2語、たとえば「ライオン」と「こたつ」のような(例)は出題されません。ただし、選択肢には、無関係のものが置かれることもあるので要注意です。「ライオン」と「こたつ」のように、無関係の「対」は、(例)がどのような関係であるかにかかわらず、正解になることはありません。無視しておけばよいのです。

|POINT|　・2語の関係は、2語をイメージして結びつきを考える。
　　　　・何の関係もない対は、無視する。

STEP 2　よく出る5つのパターンにあてはめる

　「2語の関係」は、上に示した「部分」の関係ばかりではありません。2つの単語の関係は、「同意語・反意語の関係」、「同じ種類のもの」、「ものごとの順序」、「原因と結果」、「親と子」、「修飾語と被修飾語」、「手段と目的」、「外来語とそれに対応する日本語」…など数えあげればきりがありません。

　このようにたくさんある2語の関係の中から、(例)に示された2つの言葉が、どのような関係にあるのかを正確にとらえることが、第一段階です。その第一段階を、短時間で正確に把握することがスタートになります。

　ところで、SPI検査の「2語の関係」問題は、むやみやたらに2語の関係を出題するのではなく、一定のパターンにある関係を圧倒的に多く出しているのです。2語の関係問題のほとんどは、このパターンから出題されると考えてもよいでしょう。

　一定のパターンとは、次の5つです。

　　包含・部分・用途・原料・仕事　　　(原料には材料も含みます。)

　与えられた(例)の2語を、この5つのうちのどの関係にあたるか、という見方で処理していくとよいでしょう。たいへんまれには、この5つにあたらない問題も見られますが、例外はさておいて、まず基本をマスターすることが先決です。

ここにあげた5パターンの内容を説明しましょう。与えられた2語をA，Bとします。

(1) **包含**　　AがBの一つの種類である。AはBである、ともいえる（BはAである、とはいえない）。
　　　　　　　(ex. さくら：植物)

(2) **部分**　　AはBを形成(構成)する一部である。または、一つの部品である。
　　　　　　　(ex. 接眼レンズ：顕微鏡)

(3) **用途**　　AはBをするために用いる。Aを使ってBをする。
　　　　　　　(ex. 鉛筆：筆記)

(4) **原料**　　AはBを作る原料になる。Aという原料を使って、Bという製品ができる。
　　　　　　　(ex. 鉄鉱石：鉄)

(5) **仕事**　　Aは、Bを仕事にしている。Aの職業はBである。ただし、Bは地位や身分を表すものではなく、実際にする仕事の内容。
　　　　　　　(ex. オペレーター：入力)

5つのパターンのうち、最も注意しなければならないのは、「包含」と「部分」のちがいです。二つのちがいについて、次のように比べてみましょう。

包含	**部分**
AはBの一種	AはBの一部
AはBである、といえる。	AはBであるといえない。
Aは具体的、Bは抽象的	AもBも具体的

(具体的とは、直接目で見ることのできる「モノ」である。)

ex. さくら：植物 → 包含
　　＊さくらは植物の一種。さくらは植物の一部ではない。
　　＊さくらは植物である、といえる。
　　＊さくらは具体的で、直接目で見ることができるが、「植物」というモノはない。「植物」は、抽象的概念である。

　ハンドル：自転車 → 部分

＊ハンドルは自転車の一部。ハンドルは自転車の一種ではない。
＊ハンドルは自転車である、とはいえない。
＊ハンドルも自転車も具体的なモノであって、直接それ自体を見ることができる。

|POINT|　・対の５つのパターン（包含・部分・用途・原料・仕事）に習熟する。

▷P53 課題１〜４

STEP 3　「対」の左右の並び方を検討する

　２語の関係を把握できるようになったら、次に「対」の関係を調べてみましょう。

　（例）の「接眼レンズ」は「顕微鏡」の一部ですから、「部分」の関係ということがわかっています。では、「対」の方はどうでしょう。

「ア　飛行機：交通機関」……飛行機は具体的なモノですが、交通機関は、具体的ではなく、抽象的概念です。また「飛行機は交通機関である」ともいえます。したがって、「包含」の関係であり、（例）に示された「部分」の関係ではありません。

「イ　キーボード：パソコン」……これは「部分」の関係です。キーボードはパソコンの一部であり、一種ではありません。

「ウ　マンション：ベランダ」……これも、イと同じく「部分」の関係です。ベランダは、マンションの一部を形成します。

　以上のことから、（例）が「部分」の関係なので、同様に「部分」の関係であるイとウが正解、つまり答はFとしたいところですが、実はそうではありません。もう一つ、大切なことがあるのです。

　（例）の「接眼レンズ：顕微鏡」では、「接眼レンズ」（左側の語）は「顕微鏡」（右側の語）の一部、つまり、左側に置かれている語が、右側の語の一部になっています。

　これを不等号で表すと

　　接眼レンズ＜顕微鏡　　（左の語＜右の語　左が子、右が親）

18　２語の関係　　67

となります。「対」の左右の語の並び方も（例）と同じものだけを正解とします。

ここまでを整理してみましょう

（例）「接眼レンズ：顕微鏡」は部分の関係であり、語の並びは　左＜右。
対　　ア　飛行機：交通機関　　→　包含の関係
　　　　　（例）と関係が異なるので、語の並び方は検討する必要がない。
　　　イ　キーボード：パソコン→　部分の関係　語の並びは　左＜右
　　　ウ　マンション：ベランダ→　部分の関係　語の並びは　左＞右

　よって、イだけが、（例）と同じ「部分」の関係で、かつ語の左右の並び方も同じなので、答えはBです。まぎらわしいウに目移りがしないようにします。
　　記号（＞や＜、→や←　その他自分なりに工夫したもの）などを使って、ケアレスミスをしないように注意しましょう。たとえば、「接眼レンズ」と「顕微鏡」の場合は、「接眼レンズ＜顕微鏡」と、記号などをつけながら解答していくとよいでしょう。
　　左右の並び方に注意するのは、ここでとりあげた「部分」の関係だけではありません。SPI検査でよく出題される包含，用途，原料，仕事の関係のすべてについて、左右の並び方には注意する必要があるのです。課題に取り組んで、すばやく判断できるようにしましょう。

POINT　・対は、（例）の2語と、「関係」も左右の並び方も同じものを選ぶ。

▷P55 **課題5**

語句の意味・多義語

II 言語編 19

短文を作って見分ける

　語句の意味の問題は、意味が与えられて、それに合う語句を選択するタイプと、語句が与えられて、その正しい意味を選択するタイプがあります。
　多義語は、1つで複数の意味を持つ語句について、例に示された用法と同じものを選択するタイプで、名詞や動詞などの自立語と、助詞や助動詞の付属語のどちらも出題されます。

SAMPLE 1

　初めにあげた言葉と意味が最もよく合致するものを、AからEまでの中から1つ選びなさい。
　権力者にこびへつらうこと。

A　追認　　B　追従　　C　追贈　　D　追徴　　E　追憶

STEP 1　選択肢の語句の意味を確認する

　選択肢としてあげられた語句の意味を確かめましょう。SPI検査では、同じ文字で始まる、または同じ文字で終わる語句が選択肢として並べられることがよくあります。単に漢字の意味だけでなく、語句自体の意味を、例文を作るなどして、素早く検討していくことが大切です。
A　追認　過去にさかのぼって事実を認めること。
B　追従　人の機嫌をとること。自分の志をまげて相手の気に入るように取り入ること。
C　追贈　功労のあった人に対して、その人の死後に官位を贈ること。

D　追徴　税金などについて、あとから不足した金額に利息などを加算して、取り立てること。
E　追憶　過去のできごとなどを思い出してしのぶこと。

STEP 2　例文を作ってみる

「権力者に〈追認・追従・追贈・追徴・追憶〉する」のように例文を作って、うまくあてはまる語を検討することも有効な方法です。　　答えは**B**です。

▷P57 課題1

SAMPLE 2

初めにあげた言葉と意味が最もよく合致するものを、**A**から**E**までの中から1つ選びなさい。

生真面目すぎて、堅苦しい。

A　しおらしい　　　B　いじらしい　　　C　しかつめらしい
D　いまいましい　　E　こにくらしい

STEP 1　選択肢の語句の意味を確認する

サンプル1と同様、語句の意味を確かめます。ここでは、いずれも形容詞で語尾が「〜らしい」という語が並んでいます。

A　しおらしい　　　　控え目で従順であるさま。
B　いじらしい　　　　けなげでかわいそうなさま。
C　しかつめらしい　　生真面目で堅苦しいさま。
D　いまいましい　　　腹立たしくてしゃくにさわるさま。
E　こにくらしい　　　何となくしゃくにさわるさま。　　答えは**C**です。

▷P57 課題2

SAMPLE 3

次の語句の意味として適切なものを、AからEまでの中から1つ選びなさい。

晦渋

A　経験したことのない出来事。　　B　難しくてわかりづらいこと。
C　退屈でしかたのないこと。　　　D　他人の意見に同調すること。
E　頑固で他人の意見を無視すること。

STEP 1　漢字の意味を1字ずつ分析する

「晦」は、「暗い、はっきりしない」、「渋」は、「難解である」という意味で、合わせて、文章や語句の意味が難しいことを表します。漢字の分析とともに、日ごろから語彙を意識的に増やす努力が重要です。月並みですが、知らない語句も放っておかずに、その場ですぐに辞書で調べて覚えてしまう習慣を身につけたいものです。　　　　　　　　　　　　　　　　答えはBです。

▱▶P58 課題3

SAMPLE 4

初めにあげた下線部分と最も近い意味で使われているものを、AからEまでの中から1つ選びなさい。

事故が起きて、山のような見物人だ。

A　ねじ山がつぶれてしまった。
B　ここがこの芝居の山だ。

C 彼は山登りが趣味らしい。
D 積み上げておいた本の山が崩れた。
E 宿題の山が片付かない。

STEP 1　下線部の意味をつかむ・派生的意味に注意する

　「多義語」の問題です。多義語とは、複数の異なった意味を持つ言葉のことです。区別したいのは、たとえば「キセイ」と発音する言葉には「規制・既成・帰省・寄生・気勢」などの語が存在するような「同音異義語」とは違いますので、注意しましょう。
　さて、サンプル4は、下線に示された「山」と近い意味のものを選ぶ問題です。まず下線の意味を正確につかみます。
　「山」の本来の意味は、高く盛り上がった土地のことですが、一般にSPIでは、本来の意味よりも、派生的意味がよく問われます。「山のような見物人」は、何かの行事や事故を見る人がたくさん集まっていることを、本来の「山」にたとえたものです。実際に人がうず高く積みあがっているわけではありません。単に、その数が多いことを示しています。

A　物の一部で、周辺よりも突起した部分のこと。
B　ドラマや映画、小説などの展開上最も面白くて重要な場面のこと。
C　本来の「山」のこと。
D　物理的に高く積み上げたもののこと。
E　ものごとがたくさんあること。

　　　　　　　　　　　　　　　　　　　　　　　答えはEです。

▷P59 課題4

SAMPLE 5

　初めにあげた下線部分と最も近い意味で使われているものを、AからE

までの中から1つ選びなさい。

　文字は読める。

A　風は強い。
B　アメリカは広い。
C　ドイツ語は得意だ。
D　エジソンは発明王だ。
E　古い車種は売れない。

STEP 1　主語と述語をはっきりさせる

　SPI検査の「多義語」問題は、サンプル4のような名詞をはじめとする自立語（名詞・形容詞・形容動詞）ももちろん出題されますが、助詞・助動詞の付属語問題も自立語と同じような比率で出題されます。

　サンプル5は、助詞の用法の問題です。「文字は読める」の「は」の直前の「文字」が、この文の主語ではありません。たとえば「私は文字は読める」などと、主語を補うことができます。同じように、主語を補えるのはCで、「私はドイツ語は得意だ」などとできます。これに対して、A・B・D・Eは「は」の直前の語が主語であり、他の語を主語として補うことができず、この内容で完結しています。したがって、答えはCです。

　このほか、「から」「ながら」「より」「に」「の」など、複数の用法を持つ助詞には注意しておきましょう。

▷P60 課題5

SAMPLE 6

　初めにあげた下線部分と最も近い意味で使われているものを、AからEまでの中から1つ選びなさい。

　長い人生を歩んでこられたのですね。

A 近所の人にほめられた。　　B 来賓が祝辞を述べられた。
C 妹のことが案じられた。　　D ルールはすぐに覚えられた。
E 一生懸命な姿に心ひかれた。

STEP 1　下線部の意味をつかみ、文法用語で説明する

　付属語のうち、助動詞の「れる」「られる」の用法の問題です。何となく文脈から答えるのではなく、初めの例と選択肢それぞれの用法（文法的意味といいます）を、文法用語を用いて確認しましょう。それほど多くの時間を要するものではありません。「れる」「られる」の「受身」「可能」「自発」「尊敬」の四つの用法は、中学校や高校などで習っていることでしょう。

　初めの例文は、高齢者に向かって語られた言葉で、敬意をこめて話す話し方なので、「尊敬」の用法です。Aは、「ほめる」を受動態にした文ですから、「受身」が妥当です。Bは、祝辞を述べる来賓に敬意を表す「尊敬」です。Cは、何となくそのような心境になる、思わず知らずのうちにそうした気持ちになることを表す「自発」です。Dは、「覚えられた」＝「覚えることができた」と言い換えることができるので「可能」です。Eは、「心ひく」を受動態にした形で、「受身」です。　　　　　　　　　　　　　　　答えはBです。

▷P60 課題6

POINT
・同じ漢字を使った熟語の意味の違いを正確に覚える。
・言い換えたり、例文を作ったりして意味の異同を検討する。
・助動詞や助詞は文法的に説明できるようにする。

II 言語編 20

同意語・反意語

同じ漢字にまどわされないよう注意

　同意語は、同じ意味を表す2つの単語のことです。「賛成」と「同意」、「原因」と「理由」などの名詞の場合や、「ほのかだ」と「かすかだ」のような活用語の場合もあります。反意語は、逆の意味を表す2つの単語のことです。これも「一般」と「特殊」、「内容」と「形式」のような名詞の場合と、「にぎわう」と「さびれる」のような活用語の場合があります。どちらにも共通していえることは、出題は名詞が多いこと、漢字の意味にまどわされないで、その語自体の意味を正しく理解すること、例文を作ったりして解答することです。語彙力をアップすることが何よりも大切です。

SAMPLE 1

　各問いの初めにあげた言葉と意味が最も近いものを、A～Eの中から1つずつ選びなさい。

問1　単調　　　A　復調　　B　平板　　C　起伏
　　　　　　　 D　明瞭　　E　静寂

問2　薄情　　　A　人情　　B　冷静　　C　冷淡
　　　　　　　 D　厚意　　E　純情

問3　敬服　　　A　服従　　B　礼節　　C　哀感
　　　　　　　 D　感謝　　E　感心

問4	没頭	A	落魄	B	没落	C	専従
		D	専心	E	低頭		

問5	重宝	A	便利	B	国宝	C	珠玉
		D	秘蔵	E	金塊		

問6	沽券	A	切符	B	書類	C	義務
		D	権利	E	体面		

STEP 1 各語の意味を考える

　各問いの初めにあげた言葉と、選択肢の言葉のそれぞれの意味を考えます。残念ながら、解答のコツなどはありません。ただ、その言葉の意味を知っているか、知らないかよって勝負が決まります。日常的に、少し難しい日本語を敬遠せず、単語の意味に敏感になって、覚えていくことがベストです。それぞれの言葉の意味をあげてみましょう。1つの言葉に複数の意味・用法があるものは、そのうちの代表的なものをあげます。

問1　単調 → 変化に乏しく、一本調子であること。
　　A　復調 → 体、成績、能力などが正常な状態に戻ること。
　　B　平板 → 変化に乏しく、面白味がないこと。
　　C　起伏 → 盛んになったり、衰えたりして変化に富むこと。
　　D　明瞭 → 物事がはっきりしていること。
　　E　静寂 → ひっそりと静まりかえっている状態。

　　　　　　　　　　　　　　　　　　　　　　　　　答え　B

問2　薄情 → 思いやりの気持ちがなく、人情に薄い性格。
　　A　人情 → 人間として持っている情け。
　　B　冷静 → 感情に左右されず、落ち着いていること。
　　C　冷淡 → 同情や親切心を示さず、思いやりがないこと。
　　D　厚意 → 他人から自分に対する思いやりの気持ち。

E　純情 → 邪心がなく純真な心。

　　　　　　　　　　　　　　　　　　　　　　答え　C

問3　敬服 → 感心して、尊敬の気持ちを抱くこと。
　　　A　服従 → 命令をきいてつき従うこと。
　　　B　礼節 → 礼儀と節度。
　　　C　哀感 → もの悲しい感じ。
　　　D　感謝 → ありがたく感じたり、ありがたく思って礼を言うこと。
　　　E　感心 → 立派なものや動作に対して、心に深く感じること。

　　　　　　　　　　　　　　　　　　　　　　答え　E

問4　没頭 → 他を顧みないほど1つのことに集中すること。
　　　A　落魄 → 衰えて惨めな状態になること。
　　　B　没落 → 栄えていたものが衰えること。
　　　C　専従 → ある特定の仕事だけに従事すること。
　　　D　専心 → 1つのことにだけ集中すること。
　　　E　低頭 → 頭を低く下げて礼をすること。

　　　　　　　　　　　　　　　　　　　　　　答え　D

問5　重宝 → 役立って、便利なもの。
　　　A　便利 → ある目的を果たすのに役立つもの。
　　　B　国宝 → 重要文化財のうち、文化史的・学術的価値が高いとして文部科学大臣が指定した建築・工芸品などのこと。
　　　C　珠玉 → 美しいものや立派なもののたとえ。
　　　D　秘蔵 → 人にはあまり見せずに大切にしまっておくこと。
　　　E　金塊 → 金のかたまり。

　　　　　　　　　　　　　　　　　　　　　　答え　A

問6　沽券 → 人の体面や品位。
　　　A　切符 → 乗車券など、金銭を支払った証となる紙片。
　　　B　書類 → 事務や記録に関して書き付けたもの。
　　　C　義務 → それぞれの立場に応じて当然しなければならない務め。
　　　D　権利 → ある物事を自分の意思で行うことのできる能力や資格。
　　　E　体面 → 世間に対して持つ面目や誇り。

　　　　　　　　　　　　　　　　　　　　　　答え　E

STEP 2　短文を作ってみる

　短い文を作って確かめてみることも、同意語・反意語の問題の有力な解法の1つです。問4を例にして短文を作ってみましょう。たとえば「私は新しいシステム開発の仕事に没頭している」という文を作り、没頭を選択肢のどの語に置きかえると、ほぼ同じ内容を伝えることができるかを調べてみます。
　「専心」以外の語では同じ意味の文にならない、またはそもそも文として成り立たないことを確かめてください。

POINT　・漢字に惑わされず、その語の本来の意味を1つずつ確かめる。

▷P61 課題1

SAMPLE 2

　各問いの初めにあげた言葉と意味が反対になるものを、A～Eの中から1つずつ選びなさい。

問1　偉人　　A　変人　　B　貴人　　C　凡人
　　　　　　　D　異人　　E　悪人

問2　拡大　　A　延長　　B　縮小　　C　短絡
　　　　　　　D　矮小　　E　縮尺

問3　混乱　　A　唯一　　B　納得　　C　合理
　　　　　　　D　整備　　E　秩序

問4　緊張　　A　安心　　B　安全　　C　愉快
　　　　　　　D　弛緩　　E　解放

問5	韻文	A	回文	B	短文	C	古文
		D	名文	E	散文		

問6	差別	A	平等	B	区別	C	識別
		D	和解	E	協調		

STEP 1　各語の意味を考える

同意語の問題と同様に、示された語の意味を正しくとらえて答えることが大切です

問1　偉人→すぐれた仕事をなし、多くの人から尊敬される人。
　　A　変人→性格や言動に普通の人とは変わったところのある人。
　　B　貴人→高貴な人。
　　C　凡人→普通の人。
　　D　異人→外国人。とくに西洋人。
　　E　悪人→心のよくない人。
　　　　　　　　　　　　　　　　　　　　　　　　　答え　C

問2　拡大→広げて大きくする。
　　A　延長→期間や長さを延ばす。
　　B　縮小→ちぢめて小さくする。
　　C　短絡→手順を踏まえず、二つのものを性急に結びつける。
　　D　矮小→小ぢんまりとしている。
　　E　縮尺→実物より縮めた図を描くとき、図の上での長さを、実物の長さで割った値。
　　　　　　　　　　　　　　　　　　　　　　　　　答え　B

問3　混乱→さまざまなものが入りまじって整理がつかなくなる。
　　A　唯一→たった1つで、それ以外にない。
　　B　納得→人の行動や考えなどを十分理解し、わかる。
　　C　合理→道理にかない、論理的に正当である。

D 整備 → 役立つよう準備したり整えたりする。
E 秩序 → 社会や集団などが望ましい状態を保つためのきまり。

答え　E

問4　緊張 → 慣れない物事などに直面して、心が張りつめ体が硬くなること。
A 安心 → 気がかりなことがなく、心が落ち着いていること。
B 安全 → 病気やけが、物の盗難・破損などの心配のないこと。
C 愉快 → 楽しくて気持ちのよいこと。
D 弛緩 → 張りつめていた心や体がゆるむこと。
E 解放 → 束縛・制限されているものをときはなつこと。

答え　D

問5　韻文 → 和歌や俳句などの、一定の韻律を持ち形式の整った文章。
A 回文 → 上から読んでも下から読んでも同じ音になる文。「私、負けましたわ」「ダンスがすんだ」など。
B 短文 → 短い文章。
C 古文 → 江戸時代以前に書かれた文章。
D 名文 → すぐれた文章。
E 散文 → 定型や韻律にとらわれない、普通の文章。

答え　E

問6　差別 → 取り扱いに差をつけること。
A 平等 → みな同じように扱うこと。
B 区別 → あるものと別のものの違いを判断して見分けること。
C 識別 → 物事の性質や種類の違いを見分けること。
D 和解 → 争ったり反発していたものが仲直りをすること。
E 協調 → 利害・立場の異なる者どうしが協力し合うこと。

答え　A

POINT
・同意語・反意語問題は、短文を作って確認する。
・明らかに正解ではないものを削除し、残ったものを検討する。

▷P62 課題2

長文読解

II 言語編 21

論理的読み方に習熟する

　長文読解は、SPI言語分野のうちで最も配点の比重が高いジャンルです。文章内容は高いレベルで、かつ設問もまぎらわしいものが置かれます。日ごろからの練習によって、読解力をアップしていくことしか、対策はありません。

SAMPLE

　次の文を読んで問1から問3までの3問に答えなさい。

　私たちは、母国語の言葉の意味を、いちいち辞書を引いて調べるわけではありません。人生のいろいろな局面で<u>その言葉が使われたエピソードを集積</u>して、その中から言葉の意味を抽出するのです。

　「やわらかい」という形容詞があります。みなさんは生涯で最初にこの言葉を聞いた時のことを覚えているでしょうか。幼少の時に、例えば、食べ物や自分の肌のことで大人たちが「やわらかい」と言うのを音として聞いたのが最初でしょう。しかしその意味を知るのはだいぶ後になってからです。

　誰もが意味を知らないままに、「やわらかい」という言葉をまず聞いたはずです。その言葉の持つ多種多様な意味についてはまだわからない。その後徐々にいろいろな文脈で「やわらかい」という言葉を聞くようになります。「あの人はやわらかい気持ちを持っている」とか、「このフルートはやわらかい音がする」とか、「今日の日差しはやわらかい」とか。そういった数々の「やわらかい」という言葉を巡る「エピソード」から、我々は脳の中で「やわらかい」という「意味」の持つ重層的なニュアンスを掴ん

でいきます。「やわらかい」という言葉の意味自体は、誰かに「これが正解だよ」と教わったわけではなく、自分の脳の中で徐々に掴んできたもののはずです。

このように、膨大なエピソードの積み重ねによって、言葉の意味は脳の中で編集されていきます。私たち日本人の、ネイティブとしての日本語理解がとても重層的で豊かなのは、膨大なエピソード記憶の蓄積があるからです。学校で勉強したはずなのに英語が苦手なのは、エピソード記憶が少ないままに、言葉の意味を、辞書を引くなどして少ない事例から理解しようとしているからでしょう。

言葉だけではなく、例えばある人がどういう性格かということも、その人といろいろ話をしながら理解していくものです。こうしたエピソード記憶から意味記憶への無意識の編集が脳の中で行われており、その延長線上にひらめきがあるといってもよいのです。

私たちは、意味を成り立たせている膨大なエピソード記憶の一つ一つを思い出せるわけでもないし、はっきりそれと認識しているわけでもありません。それでも、思い出せないエピソードが、無駄になっているわけではないのです。たとえ思い出せないとしても、そのようなエピソードが脳に残したはっきりとした痕跡があるからこそ、私たちはそれらの意味を縦横無尽に使いこなして、人生を豊かにすることができるのです。

目を閉じて、父親や母親、その他身近な人のことを考えると、ありありとその人柄が思い浮かぶでしょう。幼少の時に、自分の親とこんなことがあった、などという具体的なエピソードは案外思い出せないものですが、そのような思い出すことのできないエピソードの蓄積があってこそ、私たちは脳の中に豊かな「意味の森」を育むことができるのです。

（茂木健一郎　2006『ひらめき脳』（新潮社）による）

問1　文中の下線部「その言葉が使われたエピソードを集積」することによって可能になることがらは次のうちどれか。

ア　その語の重層的ニュアンスを理解する。
　　　イ　幼少時の具体的エピソードを明確化する。
　　　ウ　母国語の言葉の意味を抽出する。
　　　A　アだけ　　B　イだけ　　C　ウだけ
　　　D　アとイ　　E　アとウ　　F　イとウ

問2　エピソード記憶の説明にあてはまるものは、次のうちどれか。
　　　ア　幼少時の記憶を総称した用語である。
　　　イ　言語以外の内容も含まれる。
　　　ウ　ひらめきの延長線上にある。
　　　A　アだけ　　B　イだけ　　C　ウだけ
　　　D　アとイ　　E　アとウ　　F　イとウ

問3　文中に述べられていることと合致するのは、次のうちどれか。
　　　ア　「意味の森」はエピソードが脳内に残した痕跡によって成り立つ。
　　　イ　エピソードの集積がなければ外国語も上達しない。
　　　ウ　辞書で調べた言葉の意味もエピソードとして蓄積される。
　　　A　アだけ　　B　イだけ　　C　ウだけ
　　　D　アとイ　　E　アとウ　　F　イとウ

STEP 1　キーワードをとらえて、本文を理解する

　キーワードとは、本文に繰り返して用いられる言葉のことで、ここでは「エピソード」です。エピソードをめぐって、筆者がどのような論を展開しているのかを意識しながら読み進めましょう。人々が言葉の意味を理解していくうえで、エピソード記憶の果たす役割を理解することが重要です。

STEP 2　選択肢を検討する

問1　ア　「『エピソード』から、我々は脳の中で『やわらかい』という『意味』

　　　　の持つ重層的なニュアンスを掴んでいきます」とあり、適切です。
　　イ　「具体的なエピソードは案外思い出せないもの」とあり、誤りです。
　　ウ　「その（＝エピソード）中から言葉の意味を抽出する」とあり適切
　　　　です。　　　　　　　　　　　　　　　　　　　　答えはEです。
問2　ア　「幼少時」については、エピソード記憶との関連で述べられていま
　　　　すが、逆にエピソード記憶は、幼少時のものだけを対象にしたもの
　　　　であるかどうかは不明です。
　　イ　「言葉だけではなく、例えばある人がどういう性格かということも、
　　　　その人といろいろ話をしながら理解していくもの」とあり、適切で
　　　　す。
　　ウ　「その延長線上にひらめきがあるといってもよい」とあり、関係が
　　　　逆なので誤りです。　　　　　　　　　　　　　　答えはBです。
問3　ア　最後の段落に「思い出すことのできないエピソードの蓄積」によっ
　　　　て「意味の森」を育むことができるとあります。さらに一つ前の段
　　　　落には「思い出せないエピソードが、無駄になっているわけではな
　　　　い」とあり、これらの痕跡が「意味を縦横無尽に使いこなして、人
　　　　生を豊かにする」ことになります。これより適切と判断できます。
　　イ　英語が苦手な理由として、エピソード記憶が少ないままに辞書を引
　　　　くなどの少ない事例から理解しようとしていることに対して、「日
　　　　本語理解がとても重層的で豊かなのは、膨大なエピソード記憶の蓄
　　　　積がある」ことから、エピソードの蓄積が言葉の習得に重要である
　　　　と判断できます。
　　ウ　言葉の意味を辞書で調べることについては、本文中の2か所で話題
　　　　にされていますが、それがエピソードとして蓄積されるかどうかは
　　　　述べられていません。　　　　　　　　　　　　　答えはDです。

POINT
　・長文読解は、キーワードを意識しながら本文を速読する。
　・解答のカギになる部分にラインを引く。
　・選択肢の主述・因果関係などが本文と一致しているか確かめる。

⇨P63 課題1・2

III エントリーシート編 22

志望理由

具体性が勝負の分かれ道

　エントリーシートを納得いくものに仕上げることは、徹底した自己分析を伴う作業であり、自分を見つめることによって、現在以上のヒューマンパワーを得るための貴重な機会にもなります。就職活動を自己成長のチャンスととらえ、前向きな姿勢を実際に持つことは、企業に高く評価されるはずです。

　さて、エントリーシートを充実した内容にする最大のコツは、「具体的に書く」ことです。つい、抽象的な言葉を多用しがちですが、それは読む人（人事担当者）は、面倒だから読み飛ばしているかも知れません。あなたの特徴を素早く把握するために、体験、データ、成果、成績などの具体的な部分だけを拾い読みしているかも知れないのです。
　まず、多くの企業がエントリーシートに求める3大項目の1つである「志望理由」の書き方のポイントを学習してみましょう。

　ほとんどの企業において、就職活動のいずれかの段階で志望理由が問われないことはないといえます。「なぜ、ウチの会社に入りたいのか」、応募者にはっきりこたえてほしいという趣旨です。
　かん違いしてはいけないのは、「業界（業種）」や「職種」の志望理由を書くのではないということです。あくまでも「その企業をなぜ希望するのか」を明確にすることです。また、その企業にはどんな魅力的な面があるかという内容に終始してはいけません。
　その企業において、あなたが「何をしたいのか」、逆にいえば、何をするためにその企業に入社したいのか、という「自己実現」と「企業」とを結びつける項目であるととらえるとよいでしょう。

SAMPLE

あなたが当社に入社する志望理由を書きなさい。

（例）　御社志望の理由は、次の2点です。

御社は、さまざまな面において、地球温暖化対策を実現しています。現在の人類が直面する最大の課題である地球環境の維持について、高い意識を持って貢献している企業こそ、これからの社会では生き残れるものだと思います。

2つ目は、高齢者にやさしい商品を開発していることです。2050年には、わが国の3人に1人が65歳以上の超高齢国になるといわれています。高齢者を対象にした商品開発は不可欠の課題ですが、これに積極的に取り組んでいる御社に魅力を感じ、入社を強く希望しています。

☆評　まったく志望理由になっていません。応募者が、その企業に入社して、どんなことをしたいのか、その企業と応募者には、どんなマッチング（適合性）があると考えるのか、応募者のスキルや熱意が、どのようにその企業で活かされるのか、という点を書くことが志望理由です。ここでは、「御社」の活動内容ばかりが誇張されています。それは、企業側ではすべて熟知していることばかりです。知りたいのは、企業のことではなくて、応募者のことです。応募者は企業のことを知っていても、企業は応募者のことを知りません。知らないので教えてほしい、それがエントリーシートです。読み返してみて、エントリーシートが企業の宣伝文になっていないか、確かめてみましょう。

また、ここに書かれているのは、「一般的」なことであって、その企業の具体的な活動内容が見当たりません。応募者は、同業他社とも比較して、志望企業がどんな特徴的な商品を作ったり、取り組みをしているのかをよくリサーチ

すること（企業研究）が大切です。そのうえで、それらの企業の特徴と、応募者自身の持つ個性がどのようにマッチするのかを企業にアピールすることが要求されます。

☆このように修正

> 御社が全社をあげて取り組んでいる地球温暖化プロジェクトに強い関心を持っています。①私は大学で、社会経済的視点から環境問題を学んでいますが、特に関心を持つのは、リサイクルの資源削減効果と企業コストの問題です。②御社では、企業の社会的責任を考慮して、ある程度のコストが発生しても、資源の利用を抑制する方針をとっていますが、私は御社にて、さらに③リサイクルコストの低下を実現させて、御社や社会全体、そして地球にも貢献したいと望んでいます。

①自分のスキル、研究・学習内容、関心事をあげ、企業と関連づける。
②同業社の中で、その企業の特徴をあげる。
③入社してやりたいことを、やや理想的に書く。

さらに、（例）では、2つの理由を列挙する構成をとっていますが、「志望理由」にせよ、その他の項目にせよ、いくつものことを書く必要はありません。「これこそが、志望理由だ」といえるものを1つにしぼって、そのことに集中する方が、読む側にとっては印象に残ります。どんなにすばらしいことでも、次々にあげられると、結局どれだ？ という希薄な印象を与えるものです。「総花的」なエントリーシートは失敗です。

POINT
・エントリーシートの志望理由は、自分と企業との接点を掘り起こして具体的に書く。
・テーマは1つにしぼる。

▷P67 課題1

Ⅲ エントリーシート編 23

自己PR・学生生活

ありふれた日常にネタがある

Ⅰ 自己PR

　すべての人間には、長所と短所がかならずあります。どちらか一方しかない、という人は存在しません。その中から、長所をとりあげて、それがこれからの企業人として、どのように活用できるのかを、綿密な自己分析に基づいてアピールすることを自己PRといいます。

　ただし、エントリーシートであることを意識して、それにふさわしい題材を探さなければなりません。自分では長所と認識していても、それが就職という場面に適しているかどうかを客観的に判断して取り上げることが要求されます。志望理由が、「将来」において、したいことを公約するのに対して、自己PRは「過去」の自分が、築いてきたことや誇れることをアピールする場です。なお「大学生活で得たもの」は「現在」のアピールであり、エントリーシートは応募者の過去・現在・未来を大まかに把握する構成であるともいえます。

SAMPLE 1

あなたの自己PRをしてください。

（例）「私は、目標達成のためには、努力を惜しみません」
　実験において、思うような結果が出ない場合でも、容易にあきらめず、期待した結果が得られるまで、何度でも繰り返します。一度思い立ったことは、努力を重ねて、必ず実行します。

☆評　最初に、見出しタイプの「キャッチコピー」がつけられていますが、このような見出しは、つけてもつけなくても、評価に影響することは、ほとんどありません。

　（例）では、どんな実験をしているのか、具体的に書かれていないので、読む側にはイメージが伝わりません。あることがらについて、相手の共感を呼ぶには、抽象的な言葉ではなく、具体的な場面を描くことが必要です。たぶん、いつも同じような実験をしているので、それが日常的になっていて、とくに実験の内容を説明するまでもない、という意識があるのかもしれません。しかし、読む方はまったくあなたのことを知らないのです。

　また、「一度思い立ったことは、努力を重ねて、必ず実行します」とありますが、それは社会人として、当然です。当然のことを書いても、自己PRとはいえません。もちろん、書いても「減点」されることはありません。

☆このように修正

「私は、目標達成のためには、努力を惜しみません」
①大学での金属の耐性を調べる実験において、思うようなデータが得られないとき、②同じ実験を1週間以上、合わせて40回も繰り返しました。③方法を少しずつ変えながら、期待した結果が得られるまで、根気よく続けました。なにごとも、「投げたらあかん」の精神で、粘り強く向かっていく、これが私のモットーです。

---

①〜③　具体的にどんな実験をしたのか、うまくいかない場合に、どの程度の粘りを発揮したのか、わかりやすいデータ（時間や回数）を示す。

POINT　・自己PRすることがらの根拠は、具体的な行動と、それを裏付けるデータを明示する。抽象的な言葉に終始しない。

▷P71 課題1

II 大学生活で得たこと（学生時代に力を入れたこと）

　大学生であるあなたが、現状をどのようにとらえ、何に力を入れて活動しているのかを述べるものです。この項目も、自己PRの一種だといえます。
　この項目によって、企業が知りたいことは、あなたがどんな人物なのかということです。「志望理由」や「自己PR」と同様に、「具体的に書く」ことが最大のコツになります。事実を中心にして、そこから得たことがらをまとめるとよいのですが、その逆になっているエントリーシートをしばしば見受けます。

SAMPLE 2

あなたが大学生活で最も力を入れて取り組んでいることは何ですか。

　（例）　バレーボールサークルでの活動です。私は、高校まではバレーボールの経験はほとんどありませんでしたが、新歓で勧誘されました。先輩に、練習方法やトレーニングのしかたを積極的に聞き、基本動作をマスターすることから始めました。少しでもバレーボールに触れようと思い、地元の市民体育館のサークルにも合わせて参加しました。そして、少しずつですが、試合にも出られるまでになりました。この経験により、仲間の大切さを学び、行動しただけの結果は必ず出るものだと確信できました。

　☆評　バレーボールサークルに入って、練習に取り組んでいることはわかります。しかし、どのようにして試合に出るまでに上達したのか、そのイメージをとらえることはできません。
　先輩に練習方法などを聞いたということですが、先輩からのアドバイスで、たとえばどんなことに気づいたのでしょうか。これが最も有効なアドバイスだったと思われることがらを、1つでもあげてください。

次に、「この経験により、仲間の大切さを学び」とありますが、あなたが大学生活で得たものは、「仲間の大切さ」ということでしょうか。もし、「仲間の大切さ」を強調したいなら、文の冒頭を「仲間」の話題から始めてください。

　エントリーシートの文は、新聞記事などと同様に、重要なことを、簡潔に、文の初めに書くように心がけてください。読む側は、多数の応募者のエントリーシートを読んでいるわけですから、初めの方に大切なことが書かれていなければ、最後まで読んでくれない可能性も考えられます。

☆このように修正

> 　バレーボールサークルでの活動です。高校時代は経験がありませんでしたが、大学での3年間の練習の結果、今では①チームのエースアタッカーとして活躍しています。当初は、練習方法やトレーニングのしかたに迷いましたが、先輩から「②スキーやスケートで体の回転の動きを覚えて取り入れるとよい」というアドバイスをもらい、実践することで、急速に上達することができました。③後輩にも適切なアドバイスのできる部員として、ますます技術を向上させたいと思っています。

①どんな活動をしているのか、具体的に書く。
②アドバイスを受けた内容を、わかりやすく書く。
③話題をしぼる。最初に、「大学生活で力を入れていること」を1つあげ、それについて具体的にどんな活動をしているのかを書けばよい。「仲間を得た」「コミュニケーション力がついた」などのありふれたダメ押し的文言を書いても、焦点がぼやけるだけで、読む人が心を動かしてくれるわけではない。

POINT　・強調したいことは最初に書く。欲張って次々と話題を変えたり、発展させたりせず、1つのことに集中して書く。

▷P74 課題2

付録
性格検査

　SPI2は、「能力検査」（言語能力＋非言語能力）と「性格適性検査」から構成されています。「能力検査」は、言語能力・非言語能力とも、学習を重ねることによって、得点アップを見込むことができます。

　これに対して、「性格適性検査」（以下、性格検査とします）は、学習をするという性質のものではありません。あなたの、ありのままの姿をそのままマークすればよいのです。もちろん、この検査は、企業が求める人材として、あなたが適切であるかどうかを判断するためのものですが、「カッコよく見せよう」「背伸びをしよう」と思わずに、正直に回答する方がよいと言われています。

　それは、性格検査が、企業の求める人物像と、受験者がどれだけマッチしているか、また仮に採用するとすれば、どの部署が適任であるか、などの判断材料にされることもあるからです。

　性格検査の特徴は、質問数が多いことです。筆記試験形式の場合、40分の回答時間で、質問数は350問です。1つの質問に時間をとって回答するのではなく、スピーディーに、ほぼ瞬間的に（単純に計算すれば、ほぼ7秒ごとに1質問の割合で）問題を読んでマークをすることが要求されます。

■検査の概要

1　ほとんどの質問は、A・B選択式（または「Y」「N」選択式）で回答します。
2　測定基準は、①行動的側面・②意欲的側面・③情緒的側面の3つに分類できます。
　　①行動的側面　社交性・内省性・活動性・持続性・慎重性など
　　②意欲的側面　達成意欲・活動意欲など
　　③情緒的側面　安定性・感受性・自尊心・適応力・独自性・自信など
　一般に、①と②は高い数値、③は低い数値が望まれます。

■検査への対応

　受験者として、性格検査に対応する大切なポイントは次の3点です。

1　直感的に答える。

　「このように答えれば企業側の心象がよくなるだろう」「本当は『Y』だが、『N』と答えないと、前の質問の答えと矛盾するかも知れない…」など、いずれも「本来の自分」を正確に反映したものとはいえない、作為的な答えは慎んだ方がよいでしょう。ありのままに、直感的に答えることが肝要です。

2　社会人としての積極的な意識を作る。

　「ありのままに」答える検査であることを逆に考えれば、自分を高めることによって、自然に回答は企業の求める形にレベルアップするはずです。ただ、手をこまねいて漫然と検査を多数の会社で経験するのではなく、あなた自身を自己変革する意欲を持って就職活動時期を過ごすことが重要です。変革と向上の強い意志が、自然に性格検査にも反映されるものだと、前向きにとらえることが大切です。

3　ライスケールに注意。

　あなたの「うそつき度」を測定する質問が随所に挿入されています。

- 友人はすべて信頼できる。
- 学校を休みたいと思ったことは一度もない。
- 家族と言い争ったことはない。
- 人に迷惑をかけたことはない。

　これらの質問に、「こちらが理想的だろう」などと考えて、「Y」を答え続けると、一つの質問だけを取り上げてみれば、例えば人に迷惑をかけないことを信条として生活している人もいるはずで、とくに違和感はありません。しかし、その人が「すべて信頼できる」友人に囲まれ、これまでの長い学校生活で、休みたいと一度も思わなかったと言えるでしょうか。そのような人も、もちろんいるかもしれませんが、非常にまれな存在だといえるでしょう。「こう答えるとよい」という作為のもとに回答することは避けてください。ライスケールに引っかかってしまいます。あくまでも、自然体で回答することを心がけましょう。

■マークのしかた

性格検査が、40分で350問であることは、これまでに述べましたが、具体的には、次のように構成されます。

1　A・B選択型　60問回答欄

	回答欄
A　外出するのが好きだ。	Ⓐ　Ⓑ
B　自宅にいるのが好きだ。	

2　ハイ・イイエ型　290問

(Y＝YES　N＝NO)	回答欄
①　周囲の意向を気にする。	Ⓨ　Ⓝ
②　ひとりよがりになることが多い。	Ⓨ　Ⓝ

■問題例

では、性格検査のうち、行動的側面の問題例をあげてみましょう。

a　社交性

1　誰とでもすぐ親しくなれる	Ⓨ　Ⓝ
2　人前で話すのは得意だ	Ⓨ　Ⓝ
3　自分の意見は必ず言う	Ⓨ　Ⓝ

「はい」(Y) が多い人は、明るい社交的性格で、対人関係を重視する営業関係の仕事に向いているといえますが、反面、根気強さや配慮に欠けると判断されるかもしれません。

b　内省性

1　行動は慎重だ	Ⓨ　Ⓝ
2　自分の責任だと思うことが多い	Ⓨ　Ⓝ
3　深く考えすぎる	Ⓨ　Ⓝ

思慮深さをみる質問です。「Y」が多い人は、じっくり構えて深く考えることはできるが、実行力に乏しいと判断される可能性があります。逆に「N」が多い人は、フットワークの軽さが売り物になりそうですが、計画性の欠如を指摘されそうです。

c　活動性

1　A　まず身体を動かす

B　まず頭で考える　　　　　　　　　Ⓐ　　　Ⓑ
2　A　仕事はてきぱきとする
　　　B　仕事はじっくりする　　　　　　　Ⓐ　　　Ⓑ

　「A」の多い人は、行動的で体を動かすことが好きなタイプですが、反面デスクワークやルーティンワークに弱い印象を与えます。「B」の多い人は、腰が重くて、物事にとりかかるまでに時間がかかると評価されそうですが、落ち着きがあって冷静な面は評価されるでしょう。

d　持続性
1　A　あきらめは早い
　　　B　粘り強い　　　　　　　　　　　　Ⓐ　　　Ⓑ
2　A　あきっぽい方だ
　　　B　物事は続ける方だ　　　　　　　　Ⓐ　　　Ⓑ

　仕事をする上での粘り強さを問うものです。「A」を選択した人は、粘り強さに欠けあっさりとあきらめるタイプ、「B」を選択した人は、忍耐力のある人と判断できます。しかし、「B」のタイプは、自己の信念や主張を曲げない頑固さがあって、協調面で問題があるとみなされるかもしれません。

e　慎重性
1　A　気軽に行動に移す
　　　B　石橋をたたいて渡る　　　　　　　Ⓐ　　　Ⓑ
2　A　計画を立てずに旅に出る
　　　B　綿密な計画を立てて旅に出る　　　Ⓐ　　　Ⓑ

　「A」の多い人は、即決主義で、決断は早いが、軽率な面もあると判断されます。「B」は慎重な面はプラスですが、優柔不断ととられるかもしれません。

　性格検査は、言語能力・非言語能力検査のように、得点を競うものではなく、受験者の性格や仕事に対する意欲、興味、価値観などを知るためのものです。人にはそれぞれの特性が備わっており、企業や職種によって、必要とする特性や能力は異なります。その人が働く部署において、その人の持つ特性をうまく発揮できることは、企業にとってもプラスになります。こうした、仕事と受験者とのマッチングの資料として存在するものだと考えておくとよいでしょう。

編著者紹介

北川　清（きたがわ　きよし）

就職活動アドバイザー
全国の大学でSPI対策を中心とする就職講座の講師を勤めている。主な大学：東海大学，帝京大学，中京大学，共立女子大学，文教大学，カリタス女子短期大学など。また、インターネットサイトによるエントリーシート作成指導も行っている。

編集協力：(株)翔文社

大学生のための就活トレーニング　SPI・エントリーシート編

2011年8月10日第1刷印刷
2011年8月20日第1刷発行

編著者：北川　清
発行者：株式会社 三省堂　代表者 北口克彦
印刷者：三省堂印刷株式会社
発行所：株式会社 三省堂
〒101-8371 東京都千代田区三崎町二丁目22番14号
編集 (03) 3230-9411　営業 (03) 3230-9412
振替口座　00160-5-54300
http://www.sanseido.co.jp/

落丁本・乱丁本はお取り替えいたします。

©Sanseido.Co.,Ltd.2011 Printed in Japan
ISBN978-4-385-39529-9
〈就活トレーニング・96+88pp.〉

Ⓡ 本書を無断で複写複製することは、著作権法上の例外を除き、禁じられています。本書をコピーされる場合は、事前に日本複写権センター (03-3401-2382) の許諾を受けてください。また、本書を請負業者等の第三者に依頼してスキャン等によってデジタル化することは、たとえ個人や家庭内での利用であっても一切認められておりません。

方程式－速度算

速さ×時間＝距離。距離は必ず分子に置く

課題1 次のそれぞれの問いに答えなさい。

(1) A町からB町までを時速15kmの自転車で行ったところ、36分かかった。A町からB町までの距離は次のうちどれか。

    A 4km   B 5km   C 6km   D 7km
    E 8km   F 9km   G 10km   H 11km

(2) C市から120km離れたD市まで、ある列車が1時間20分で到着した。この列車の時速は次のうちどれか。

    A 60km/時   B 65km/時   C 70km/時   D 75km/時
    E 80km/時   F 85km/時   G 90km/時   H 95km/時

(3) 1周2400mの池の周囲を、兄は分速90m、妹は分速70mで同時に反対方向に歩き始めた。2人は何分後に出会うか。

    A 12分後   B 13分後   C 14分後   D 15分後
    E 16分後   F 17分後   G 18分後   H 19分後

(4) P町からQ町へ行くのに、時速12kmの自転車で行くと、時速4kmで歩いて行くよりも2時間早く着く。P，Q 2町間の距離は次のうちどれか。

    A 9km   B 12km   C 15km   D 18km
    E 21km   F 24km   G 27km   H 30km

(5) A君が4km離れた駅に向かって自転車で家を出たところ、父親が忘れ物に気づき、A君が家を出てから10分後に同じ道を車で追いかけた。A君が自転車で走る速さを15km/時、父親の車の速さを45km/時とするとき、父親がA君に追いつくのは、家から何kmのところか。

    A 2km   B 2.25km   C 2.5km   D 2.75km
    E 3km   F 3.25km   G 3.5km   H 3.75km

(6) 太郎は、4km/時で歩き、12km/時で走る。家から4km離れた学校まで行くのに、出発して10分走った後、歩くことにした。歩く時間は次のうちどれか。

    A 25分   B 30分   C 35分   D 40分
    E 45分   F 50分   G 55分   H 60分

方程式−速度算

速さ×時間＝距離。距離は必ず分子に置く

(7) 山田、中村、伊藤の3人は、駅伝大会に備えて試しにコースを走った。3人の走った距離と、スタートおよび中継・ゴールの時間は下の図のようである。このとき、伊藤君の走った平均時速は次のうちどれか。

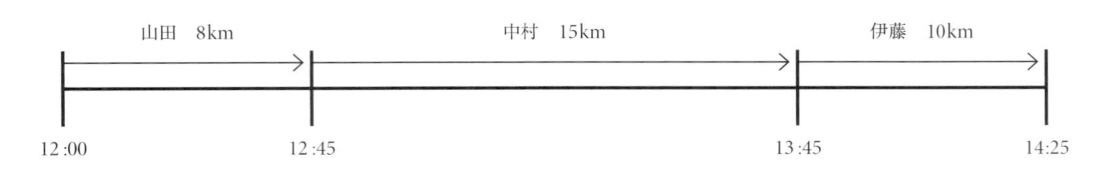

山田 8km　　　　中村 15km　　　　伊藤 10km
12:00　　　　12:45　　　　　　　13:45　　　　　14:25

A 9km　　B 11km　　C 13km　　D 15km
E 17km　　F 19km　　G 21km　　H 23km

(8) A君は、峠を越えて8km先の親戚の家まで行くのに、上りは2km/時で歩き、頂上で30分休憩して、下りは4km/時の速さで歩き、全部で3時間45分を要した。下りの道のりは次のうちどれか。

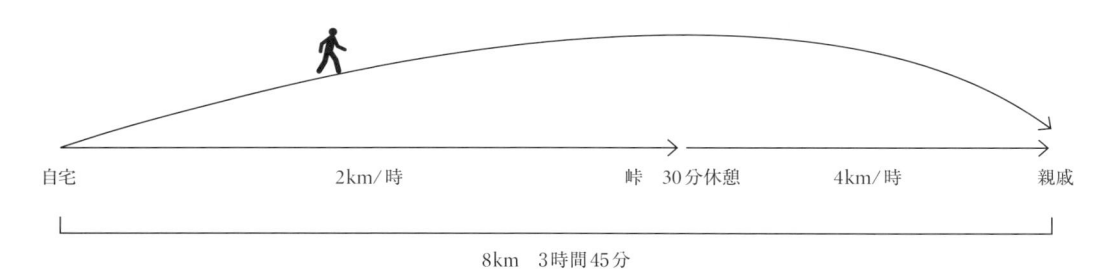

自宅　2km/時　峠　30分休憩　4km/時　親戚
8km　3時間45分

A 1km　　B 1.5km　　C 2km　　D 2.5km
E 3km　　F 3.5km　　G 4km　　H 4.5km

(9) 右の図のような時刻表で運行する列車がある。この列車の走行時の平均時速を60km/時とするとき、X駅からZ駅までの距離は、次のうちどれか。

X駅発	10:00
Y駅着	11:00
Y駅発	11:15
Z駅着	12:35

A 80km　　B 90km　　C 100km　　D 110km
E 120km　　F 130km　　G 140km　　H 150km

所属 _____ ____年__月__日
番号 _____ 氏名 _____

Ⅰ 非言語編
2

方程式－濃度算

食塩水の量×濃度＝食塩の量

課題1 次のそれぞれの問いに答えなさい。

(1) 食塩70gと水210gを使って食塩水を作った。このときの食塩水の濃度は何％か。
    A 15%   B 20%   C 25%
    D 30%   E 35%   F 40%

(2) 4％の食塩水が750gある。この食塩水中には、食塩が何g入っているか。
    A 28g   B 30g   C 32g
    D 34g   E 36g   F 38g

(3) 4％の食塩水300gと14％の食塩水200gを混ぜると、何％の食塩水ができるか。
    A 5%   B 6%   C 7%
    D 8%   E 9%   F 10%

(4) 6％の食塩水が300gある。この食塩水から何gの水を蒸発させれば、9％の食塩水になるか。
    A 50g   B 100g C 150g
    D 200g E 250g F 300g

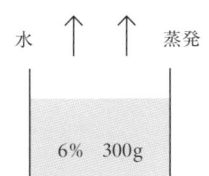

    水 ↑ ↑ 蒸発
    ┌─────────┐
    │ 6% 300g │
    └─────────┘

(5) 6％の食塩水が300gある。ここに何gの水を加えれば、2％の食塩水になるか。
    A 200g B 450g C 500g
    D 550g E 600g F 650g

方程式－濃度算

食塩水の量×濃度＝食塩の量

(6) Aの容器には6％の食塩水が800g、Bの容器には8％の食塩水が300g入っている。Bの容器に何gの水を入れるとAの容器の食塩水と同じ濃度になるか。

　　A　100g　　　　B　150g　　　　C　200g
　　D　300g　　　　E　400g　　　　F　500g

(7) Aの容器には4％の食塩水が600g、Bの容器には3％の食塩水が400g入っている。AとBの容器に含まれる食塩の量が等しくなるには、Aの容器からBの容器に何gの食塩水を移せばよいか。

　　A　50g　　　　B　100g　　　　C　150g
　　D　200g　　　　E　280g　　　　F　340g

(8) 6％の食塩水が800gある。ここから160gの食塩水を取り出し、かわりに160gの水を加えた。さらに、同じ作業をもう一度繰り返したとき、できた食塩水の濃度は何％か。

　　A　3.84％　　　B　3.94％　　　C　4.04％
　　D　4.14％　　　E　4.24％　　　F　4.34％

方程式－流水算

船の速さ・川の流れの速さに着目する

課題1 次のそれぞれの問いに答えなさい。

(1) 静水時には、15km離れた2地点間を、1時間30分で結ぶ船がある。この船の時速は次のうちどれか。

　　A　7.0km/時　　B　7.5km/時　　C　8.0km/時　　D　8.5km/時
　　E　9.0km/時　　F　9.5km/時　　G　10.0km/時　　H　10.5km/時

(2) 4km/時で流れている川に沿って上流に上田町、下流に下田町がある。両町間の距離は36kmで、2つの町の間を往復する船があり、この船の静水上の速さは12km/時である。このとき、次のそれぞれの問いに答えよ。

① 船が上田町を出て下田町に着くまでにかかる時間は、次のうちどれか。

　　A　1時間25分　　B　1時間50分　　C　2時間15分　　D　2時間25分
　　E　2時間40分　　F　2時間55分　　G　3時間10分　　H　3時間25分

② 船が下田町から上田町に要する時間は、上田町から下田町に要する時間よりもどれだけ多いか。

　　A　1時間25分　　B　1時間50分　　C　2時間15分　　D　2時間25分
　　E　2時間40分　　F　2時間55分　　G　3時間10分　　H　3時間25分

(3) ある船は、川を3時間上ると18km進み、同じく3時間下ると54km進むという。このとき、次のそれぞれの問いに答えよ。

① 川の流れの速さは次のうちどれか。

　　A　4.2km/時　　B　4.4km/時　　C　4.8km/時　　D　5.2km/時
　　E　5.6km/時　　F　6.0km/時　　G　6.4km/時　　H　6.8km/時

② 船の静水時の速さは次のうちどれか。

　　A　9km/時　　B　10km/時　　C　11km/時　　D　12km/時
　　E　13km/時　　F　14km/時　　G　15km/時　　H　16km/時

方程式－流水算

船の速さ・川の流れの速さに着目する

(4) 静水時の速さ10km/時の船で、流れの速さ2km/時の川を下流のP町から24km離れた上流のQ町まで行き、Q町で1時間休憩した後、Q町からP町まで下る。この船が午前8時にP町を出るとき、再びP町に戻るのは、次のうちどれか。

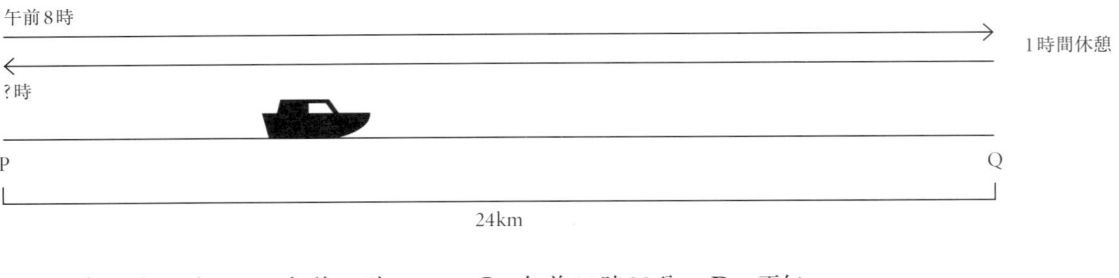

```
午前8時 ──────────────────────────→
                                    1時間休憩
?時 ←──────────────────────────
P                                   Q
└──────────── 24km ────────────┘
```

A 午前10時30分　B 午前11時　　C 午前11時30分　D 正午
E 午後1時　　　F 午後1時30分　G 午後2時　　　H 午後2時30分

(5) 静水上を9km/時で進む船がある。この船が、3km/時で流れる川を上り下りする。この船が、24km離れた2地点間を往復するのに要する時間は、次のうちどれか。

A 4時間24分　B 4時間38分　C 5時間12分　D 5時間44分
E 6時間　　　F 6時間12分　G 6時間36分　H 7時間26分

(6) 静水上を12km/時で進む船がある。この船が、川沿いの2地点間を往復するとき、上りに要する時間は、下りに要する時間のちょうど2倍であった。このとき、川の流れの速度は次のうちどれか。

A 2km/時　　B 2.4km/時　C 2.8km/時　D 3.2km/時
E 3.6km/時　F 4km/時　　G 4.4km/時　H 4.8km/時

(7) 川下りの観光船がある。全コース9km、所要時間は1時間のコースを、下りは船の動力を使わずに川の流れに乗り、客が下船した後は、上りは動力を使って戻る。この船の静水時の速さは12km/時である。客が下船した地点から上流の出発点に戻るには、どれだけの時間がかかるか。

A 1時間　B 2時間　C 3時間　D 4時間
E 5時間　F 6時間　G 7時間　H 8時間

方程式-仕事算

1日の仕事量は、1÷かかる日数

課題1 次のそれぞれの問いに答えなさい。

(1) A君は、ある仕事をするのに、15日かかる。A君の1日の仕事量は次のうちどれか。

　　A $\frac{1}{2}$　　　B $\frac{1}{3}$　　　C $\frac{1}{5}$　　　D $\frac{1}{8}$

　　E $\frac{1}{10}$　　F $\frac{1}{15}$　　G $\frac{1}{18}$　　H $\frac{1}{20}$

(2) ある仕事をするのに、A君1人では15日、B君1人では20日かかる。2人がいっしょに働くとき、1日の仕事量は次のうちどれか。

　　A $\frac{7}{20}$　　B $\frac{7}{30}$　　C $\frac{7}{40}$　　D $\frac{7}{50}$

　　E $\frac{7}{60}$　　F $\frac{1}{70}$　　G $\frac{7}{80}$　　H $\frac{7}{80}$

(3) ある仕事をするのに、A君1人では3日、B君1人では6日かかる。2人がいっしょに働くとき、何日でこの仕事を終えることができるか。

　　A　1日　　　B　2日　　　C　3日　　　D　4日　　　E　5日

(4) ある仕事をするのに、A君1人では30日、B君1人では45日かかる。2人がいっしょに働くとき、何日でこの仕事を終えることができるか。

　　A　12日　　B　15日　　C　18日　　D　20日
　　E　22日　　F　23日　　G　24日　　H　25日

(5) ある仕事をするのに、P君1人では20日、Q君1人では15日、R君1人では12日かかる。3人がいっしょに働くと、この仕事は何日で終わるか。

　　A　2日　　　B　3日　　　C　4日　　　D　5日
　　E　6日　　　F　7日　　　G　8日　　　H　9日

方程式−仕事算

1日の仕事量は、1÷かかる日数

(6) ある仕事をするのに、P君1人では20日、Q君1人では15日、R君1人では12日かかる。3人で3日働いた後、残りの仕事をPが1人でして、仕事は完了した。Pが1人で働いた日数は次のうちどれか。

A 2日　　　B 3日　　　C 4日　　　D 5日
E 6日　　　F 7日　　　G 8日　　　H 9日

(7) ある仕事をするのに、山田君1人では10日、中村君1人では8日かかる。2人がいっしょに働き始めたが、その間、山田君は1日、中村君は2日、それぞれ都合で仕事を休んだ。この仕事は、2人が働き始めて何日目に完了したか。

A 2日　　　B 3日　　　C 4日　　　D 5日
E 6日　　　F 7日　　　G 8日　　　H 9日

(8) あるプールを満水にするのに、A管だけでは4時間、B管だけでは6時間かかる。A管とB管を同時に使用すると、何時間何分で満水にすることができるか。

A 1時間36分　　B 1時間54分　　C 2時間12分　　D 2時間24分
E 2時間36分　　F 2時間48分　　G 3時間　　　　H 3時間12分

(9) ある水槽を満水にするのに、P管だけでは24分、Q管だけでは16分、R管だけでは32分かかる。はじめにP管とQ管だけを使って3分間給水をし、その後はR管だけを使って給水をした。この水槽を満水にするには、R管だけを使うのは何分か。

A 10分　　　B 12分　　　C 14分　　　D 16分
E 18分　　　F 20分　　　G 22分　　　H 24分

(10) 20日間で完成させたい仕事がある。当初は10人で仕事を始めたが、14日間が経過した時点では全体の2/5しか進行しなかったので、新たに人数を投入することにした。予定通り完成させるには、何人を投入させる必要があるか。ただし、1人1日当たりの仕事量は同じものとする。

A 10人　　　B 15人　　　C 20人　　　D 25人
E 30人　　　F 35人　　　G 40人　　　H 45人

方程式-損益算

原価＋利益＝定価

課題1 次のそれぞれの問いに答えなさい。

(1) ある商品を仕入れ、原価の3割の利益を見込んで、1個10400円の定価をつけた。この商品1個の仕入れ原価は次のうちどれか。

　　A　6000円　　B　6500円　　C　7000円　　D　7500円
　　E　8000円　　F　8500円　　G　9000円　　H　9500円

(2) (1)において、商品が売れなかったので、定価の2割引で売ることにした。このとき、商品1個の利益はいくらになるか。

　　A　160円　　B　220円　　C　280円　　D　320円
　　E　380円　　F　420円　　G　480円　　H　520円

(3) ある商品を、4000円で仕入れ、35％の利益があがるように定価をつけたい。定価はいくらにすればよいか。

　　A　4600円　　B　4800円　　C　5000円　　D　5200円
　　E　5400円　　F　5600円　　G　5800円　　H　6000円

(4) (3)において、実際には定価の2割5分引きで売った。定価から割り引いた金額は次のうちどれか。

　　A　1300円　　B　1350円　　C　1400円　　D　1450円
　　E　1500円　　F　1550円　　G　1600円　　H　1650円

(5) ある商品を180個仕入れ、そのうち60個は30％、90個には25％の利益を見込んで定価をつけた。残りの30個は破損したので焼却したところ、全体の利益は1260円であった。この商品1個あたりの原価は次のうちどれか。

　　A　90円　　B　100円　　C　110円　　D　120円
　　E　130円　　F　140円　　G　150円　　H　160円

(6) ある商品を1個800円で100個仕入れ、1000円の定価で販売したところ、60個しか売れなかった。そこで残りを定価の15％引きにしたところ完売した。このとき、利益は次のうちどれか。

　　A　9600円　　B　10400円　　C　11600円　　D　12600円
　　E　13000円　　F　13500円　　G　14000円　　H　14660円

方程式-損益算

原価+利益=定価

(7) ある商品は、定価の1割引で売ると400円の利益があり、定価の5分引きで売ると550円の利益がある。この商品の原価は次のうちどれか。

| A | 2200円 | B | 2300円 | C | 2400円 | D | 2500円 |
| E | 2600円 | F | 2700円 | G | 2800円 | H | 2900円 |

(8) P, Q2つの商品を仕入れた。原価はPのほうが100円安く、Pには2割5分、Qには2割の利益を見込んで定価をつけると、定価はPのほうが100円高くなった。P, Q2つの商品を合わせた原価は次のうちどれか。

| A | 2400円 | B | 3150円 | C | 5200円 | D | 6100円 |
| E | 6450円 | F | 6980円 | G | 7200円 | H | 8900円 |

(9) 原価5000円の商品にある定価をつけ、定価の1000円引で販売したところ、原価の2割の利益があがった。定価は次のうちどれか。

| A | 6000円 | B | 6200円 | C | 6400円 | D | 6600円 |
| E | 6800円 | F | 7000円 | G | 7200円 | H | 7400円 |

(10) 原価2400円の商品に、5割の利益を見込んで定価をつけたが、売れなかったのでバーゲン商品として定価の2割引で販売した。利益は原価の何割になるか。

| A | 4分 | B | 8分 | C | 1割2分 | D | 1割6分 |
| E | 2割 | F | 2割4分 | G | 2割8分 | H | 3割2分 |

方程式－植木算

両端に植えるときは、間隔数＋1が基本

課題1 次のそれぞれの問いに答えなさい。

(1) 100mの直線上に、4m間隔で旗を置くとき、旗は何本必要か。ただし、直線の両端にも置くものとする。

A 19本　　B 22本　　C 25本　　D 26本
E 38本　　F 44本　　G 50本　　H 52本

(2) 長さ2400mの道路の両側に、40m間隔で街路樹を植えるとき、必要な街路樹の本数は次のうちどれか。ただし、道の両端にも植えるものとする。

A 88本　　B 102本　　C 112本　　D 122本
E 132本　　F 144本　　G 152本　　H 176本

(3) 840mの道路の両側に、42本の電柱を立てたい。道路の両端にも立てるとすると、電柱と電柱の間隔は何mになるか。

A 20m　　B 21m　　C 22m　　D 23m
E 40m　　F 42m　　G 44m　　H 46m

(4) 長さ800mの直線道路がある。この道路の両側に40m間隔で標識を立て、さらに標識と標識の間に、5m間隔で小旗を立てたい。小旗は何本必要か。ただし、標識は道路の両端にも立てるものとする。

A 150本　　B 220本　　C 280本　　D 320本
E 400本　　F 460本　　G 520本　　H 640本

(5) 縦24m、横36mの土地がある。この土地の周囲に等間隔で杭を打つ場合、間隔をできるだけ長くしたい。土地の四隅にはかならず杭を打つとするとき、杭は全部で何本必要か。

A 10本　　B 12本　　C 14本　　D 15本
E 16本　　F 18本　　G 24本　　H 32本

(6) 分速50mで歩くと、1周するのに30分かかる池がある。この池の周囲に、20m間隔で桜の苗木を植えることにした。苗木は全部で100本用意すると、何本余るか。

A 12本　　B 14本　　C 20本　　D 23本
E 25本　　F 27本　　G 29本　　H 31本

方程式−植木算

両端に植えるときは、間隔数＋1が基本

(7) 長さ400mの道路がある。この道路の片側にはいちょう、片側にはけやきを、それぞれ25m間隔で植えたい。いちょうは1本2万円、けやきは1本2万5千円の植え込み費用がかかる。道路の両端にもそれぞれの木を植えるとき、いちょうに必要は費用は次のうちどれか。

  A　34万　　　B　36万円　　C　38万　　　D　40万円
  E　42万円　　F　44万円　　G　46万円　　H　48万円

(8) 全長1000mのスキーコースがある。このコースの出発点とゴールを除いたコース上に、黄色い標識を100m間隔で立てた。スキーヤーが、標識をじぐざぐに通過していくとき、全部で何本の標識を通過することになるか。

  A　5本　　B　6本　　C　7本　　D　8本
  E　9本　　F　10本　　G　11本　　H　12本

(9) 全長600mの直線の道路がある。この道路の両側に50m間隔で旗を立てていたが、この間隔を縮めて、40m間隔に立つようにしたい。新たに旗は何本用意すればよいか。ただし、いずれの場合も道路の両端にも立てるものとする。

  A　2本　　B　3本　　C　4本　　D　5本
  E　6本　　F　7本　　G　8本　　H　9本

方程式－つるかめ算・年齢算

「年の差」は広がらない・縮まらない

課題1 次のそれぞれの問いに答えなさい。

(1) ある遊園地の入場料金は、大人1人2000円、小人1人1000円である。大人と小人合わせて12人で入場したところ、入場料金の合計は18000円であった。小人の数は次のうちどれか。

 A　3人 B　4人 C　5人 D　6人
 E　7人 F　8人 G　9人 H　10人

(2) ある美術展覧会の入場料金は、大人1人800円、小人1人300円である。ある日の入場者数は大人・小人あわせて165人で、入場料金の合計は97000円であった。大人の入場者数は次のうちどれか。

 A　73人 B　84人 C　91人 D　93人
 E　95人 F　97人 G　101人 H　113人

(3) 50円切手と80円切手をそれぞれ何枚か買うと、その代金の合計は1500円になった。このとき、80円切手の合計金額のほうが、50円切手の合計金額よりも900円高かった。80円切手の枚数は次のうちどれか。

 A　8枚 B　9枚 C　10枚 D　11枚
 E　12枚 F　13枚 G　14枚 H　15枚

(4) 1個150円のりんごと1個250円の梨を合わせて12個買い、2600円を払った。梨は何個買ったか。

 A　3個 B　4個 C　5個 D　6個
 E　7個 F　8個 G　9個 H　10個

(5) ケーキ1個の値段はクッキー1袋の値段より100円安い。ケーキ5個とクッキー5袋を買ったところ、代金はあわせて4500円であった。ケーキの値段は1個いくらか。

 A　200円 B　250円 C　300円 D　350円
 E　400円 F　450円 G　500円 H　550円

(6) 1個1500円のメロンと、1個400円の桃を合わせて10個買い、1万円札で支払ったところ、3800円のおつりがあった。桃は何個買ったか。

 A　2個 B　3個 C　4個 D　5個
 E　6個 F　7個 G　8個 H　9個

方程式−つるかめ算・年齢算

「年の差」は広がらない・縮まらない

課題2 次のそれぞれの問いに答えなさい。

(1) 4歳の子どもと、32歳の母親がいる。母親の年齢が子どもの年齢の3倍になるのは、今から何年後か。

A　8年後　　　B　9年後　　　C　10年後　　　D　11年後
E　12年後　　 F　13年後　　 G　14年後　　 H　15年以上後

(2) 父親と2人の子どもがいる。父は46歳で、子どもは21歳と17歳である。父の年齢が2人の子どもの年齢の和の5倍だったのは、今から何年前か。

A　7年前　　　B　9年前　　　C　11年前　　　D　12年前
E　14年前　　 F　16年前　　 G　18年前　　 H　20年前

(3) 2人の姉妹がいる。姉は18歳、妹は12歳だが、姉の年齢が妹の年齢の4倍だったのは、今から何年前か。

A　6年前　　　B　7年前　　　C　8年前　　　D　9年前
E　10年前　　 F　11年前　　 G　12年前　　 H　13年前

(4) 現在、父は65歳で、母は父より6歳若く、子は34歳である。父母の年齢の和が子の年齢の10倍であったのは、今から何年前のことか。

A　25年前　　 B　26年前　　 C　27年前　　 D　28年前
E　29年前　　 F　30年前　　 G　31年前　　 H　32年前

(5) 現在、父親は67歳で、長女は39歳である。父親の年齢が長女の年齢の3倍だったのは、長女が何歳の時か。

A　12歳　　　B　13歳　　　C　14歳　　　D　15歳
E　16歳　　　F　17歳　　　G　18歳　　　H　19歳

方程式−割合算

図か方程式か、得意パターンを決める

課題1 次のそれぞれの問いに答えなさい。

(1) ある中学校の今年の新入生は377人で、昨年の新入生より16%の増加であった。昨年の新入生数は次のうちどれか。

　　A　318人　　B　321人　　C　325人　　D　329人
　　E　333人　　F　337人　　G　341人　　H　345人

(2) 姉と弟の所持金の合計は2000円で、姉の所持金は弟の所持金の4倍より200円多い。このとき姉の所持金は次のうちどれか。

　　A　1320円　　B　1460円　　C　1580円　　D　1640円
　　E　1690円　　F　1720円　　G　1760円　　H　1820円

(3) ある品物を製造するにあたって、コストの60%が原材料費で、原材料費を引いた残りの40%は人件費であるという。この品物1個あたりの人件費は、製造原価の何%になるか。

　　A　4%　　B　8%　　C　14%　　D　16%
　　E　20%　　F　24%　　G　26%　　H　32%

(4) (3)の条件で、人件費が50%増加し、それ以外の製造コストに変化はないとすれば、製造に必要な原価のうち、人件費の占める割合は何%になるか。(小数点第1位を四捨五入する)

　　A　15.8%　　B　17.6%　　C　20.6%　　D　21.1%
　　E　22.2%　　F　23.7%　　G　24.8%　　H　34.6%

(5) 山田君は18000円、中村君は10000円を持っている。中村君がある金額を山田君にあげたところ、山田君の所持金は中村君の所持金の4倍になった。中村君が山田君にあげた金額は次のうちどれか。

　　A　2100円　　B　2700円　　C　3400円　　D　3800円
　　E　4000円　　F　4400円　　G　4850円　　H　5460円

(6) あるテーマパークの入場料金は、大人3000円、子ども1600円であるが、平日にはそれぞれ15%の割引になる。平日に大人4人、子ども6人で入場すると、入場料金の総額は次のうちどれか。

　　A　15660円　　B　16240円　　C　17180円　　D　18360円
　　E　18980円　　F　19240円　　G　20280円　　H　22780円

方程式－割合算

図か方程式か、得意パターンを決める

(7) あるクラスで、所有している本の冊数を調べたところ、男子26人の平均は36冊、女子18人の平均は45冊であった。クラス全体の1人あたりの本の平均所有冊数は次のうちどれか。（1冊未満は四捨五入する）。

A 35冊　　B 36冊　　C 37冊　　D 38冊
E 39冊　　F 40冊　　G 41冊　　H 42冊

(8) 石田君は、自動車を買いたいと思っている。貯金を50％使うと5万円不足し、60％使うと19万円余る。石田君の買いたい自動車の金額は次のうちどれか。

A 100万円　　B 105万円　　C 110万円　　D 115万円
E 120万円　　F 125万円　　G 130万円　　H 135万円

(9) 鈴木君は40000円、大野君は28000円を持っている。この二人が、毎日1000円のランチをある日数だけ食べ続けたところ、大野君の所持金は鈴木君の所持金の60％になった。二人は何日間ランチを食べ続けたか。

A 4日間　　B 6日間　　C 8日間　　D 10日間
E 12日間　　F 14日間　　G 16日間　　H 18日間

(10) 幸子さんは、所持金の$\frac{1}{4}$でアクセサリーを買い、次に残りの$\frac{1}{5}$でワンピースを買った。さらに6000円で友人の誕生日プレゼントを買ったところ、残った金額は42000円になった。幸子さんが当初所持していた金額は次のうちどれか。

A 80000円　　B 82000円　　C 84000円　　D 86000円
E 88000円　　F 90000円　　G 92000円　　H 94000円

確率

場合の数÷全体の数=確率

課題1 次のそれぞれの問いに答えなさい。

(1) ジョーカーを除く52枚のトランプから1枚を引くとき、それが絵札である確率は次のうちどれか。

　　A $\frac{1}{2}$　　B $\frac{1}{3}$　　C $\frac{1}{4}$　　D $\frac{1}{5}$

　　E $\frac{1}{13}$　　F $\frac{2}{13}$　　G $\frac{3}{13}$　　H $\frac{4}{13}$

(2) 大小2つのサイコロを投げたとき、目の出方の数は全部で何通りか。

　　A 6通り　　B 12通り　　C 18通り　　D 24通り
　　E 30通り　　F 36通り　　G 72通り　　H 216通り

(3) 大小2つのサイコロを投げたとき、サイコロの目の数の和が10になるのは全部で何通りか。

　　A 1通り　　B 2通り　　C 3通り　　D 4通り
　　E 5通り　　F 6通り　　G 7通り　　H 8通り

(4) ①, ②, ③, ④, ⑤の5枚のカードがはいった袋がある。この中から2枚のカードを取り出すとき、2枚のカードに書かれた数の和が3の倍数になる確率は次のうちどれか。

　　A $\frac{1}{4}$　　B $\frac{1}{3}$　　C $\frac{1}{2}$　　D $\frac{2}{7}$

　　E $\frac{2}{5}$　　F $\frac{2}{9}$　　G $\frac{3}{5}$　　H $\frac{3}{7}$

(5) ①, ②, ③, ④の4枚のカードの中から3枚を使って、3けたの整数を作るとき、3けたの整数は全部で何通りできるか。

　　A 6通り　　B 8通り　　C 12通り　　D 16通り
　　E 21通り　　F 24通り　　G 32通り　　H 64通り

(6) A, B, C, D, Eの5人の中から3人を選んで、それぞれ班長、副班長、班長補佐にするとき、その選び方は何通りあるか。

　　A 3通り　　B 6通り　　C 12通り　　D 18通り
　　E 24通り　　F 36通り　　G 60通り　　H 128通り

終わったら P21へ

確率

場合の数÷全体の数=確率

課題2 次のそれぞれの問いに答えなさい。

(1) 白球3個、赤球4個の入った袋から、まず1個の球を取り出し、取り出した球を戻さずにもう1個の球を取り出す。1個目が白球、2個目が赤球である確率は次のうちどれか。

A $\frac{1}{6}$ B $\frac{1}{3}$ C $\frac{1}{7}$ D $\frac{2}{7}$
E $\frac{3}{7}$ F $\frac{4}{9}$ G $\frac{5}{11}$ H $\frac{6}{17}$

(2) 大小2つのサイコロを振って、大きいサイコロの出た目をM、小さいサイコロの出た目をmとするとき、$\frac{m}{M}$が整数になる確率は次のうちどれか。

A $\frac{3}{11}$ B $\frac{5}{12}$ C $\frac{7}{18}$ D $\frac{6}{13}$
E $\frac{2}{15}$ F $\frac{1}{2}$ G $\frac{8}{19}$ H $\frac{4}{17}$

(3) 青球が4個、黒球が3個入った箱がある。この中から任意に2個の球を取り出すとき、少なくとも1個が青球である確率は次のうちどれか。

A $\frac{5}{6}$ B $\frac{6}{7}$ C $\frac{7}{8}$ D $\frac{8}{9}$
E $\frac{9}{10}$ F $\frac{10}{11}$ G $\frac{11}{12}$ H $\frac{13}{18}$

(4) 袋の中に同じ大きさの赤, 白, 黄, 緑の球がそれぞれ1個ずつ入っている。この中から同時に2個の球を取り出すとき、白と緑でない確率は次のうちどれか。

A $\frac{5}{6}$ B $\frac{2}{3}$ C $\frac{1}{2}$ D $\frac{1}{3}$
E $\frac{1}{6}$ F $\frac{1}{7}$ G $\frac{1}{4}$ H $\frac{6}{7}$

確率

場合の数÷全体の数=確率

課題3 次のそれぞれの問いに答えなさい。

(1) AからLまでの12人の剣道部員がいる。この中から5人の試合出場選手を選ぶとき、AとBをともに選ぶ選び方は何通りあるか。

　　A　60通り　　B　70通り　　C　80通り　　D　90通り
　　E　100通り　　F　110通り　　G　120通り　　H　130通り

(2) トランプのハートの3から11までの9枚の中から2枚を取り出すとき、2枚のカードの数の和が奇数になる確率は次のうちどれか。

　　A　$\frac{1}{2}$　　B　$\frac{1}{3}$　　C　$\frac{1}{4}$　　D　$\frac{4}{9}$
　　E　$\frac{5}{9}$　　F　$\frac{2}{3}$　　G　$\frac{7}{9}$　　H　$\frac{2}{5}$

(3) AからJまでの10人のバスケットボール部員がいる。この中から5人の試合出場選手を選ぶとき、A, D, Hの3人のうち1人以上は必ず選ぶものとすると、選び方は何通りあるか。

　　A　123通り　　B　145通り　　C　179通り　　D　193通り
　　E　231通り　　F　246通り　　G　367通り　　H　543通り

(4) 男子2人、女子3人のあわせて5人の演劇チームがある。この5人が舞台あいさつに立つとき、左端が男子で、女子3人は連続して並ばないようにすると、並び方は何通りになるか。

　　A　12通り　　B　14通り　　C　24通り　　D　28通り
　　E　32通り　　F　36通り　　G　42通り　　H　48通り

(5) 国語の試験で、山田君が正解する確率は$\frac{1}{2}$、中村君が正解できる確率は$\frac{1}{4}$であるとき、少なくともどちらか一方が正解する確率は次のうちどれか。

　　A　$\frac{1}{2}$　　B　$\frac{1}{3}$　　C　$\frac{1}{4}$　　D　$\frac{1}{5}$
　　E　$\frac{2}{3}$　　F　$\frac{3}{4}$　　G　$\frac{2}{5}$　　H　$\frac{5}{8}$

確率

場合の数÷全体の数=確率

(6) ①, ②, ③, ④, ⑤, ⑥, ⑦の数字の書かれた7枚のカードから順に2枚を取り出し、取り出した順に十の位、一の位として2けたの数字を作るとき、偶数ができる確率は次のうちどれか。

A $\dfrac{2}{3}$　　B $\dfrac{1}{4}$　　C $\dfrac{3}{4}$　　D $\dfrac{3}{5}$

E $\dfrac{1}{3}$　　F $\dfrac{3}{7}$　　G $\dfrac{3}{8}$　　H $\dfrac{1}{3}$

(7) 箱の中に、1から15までの整数を1枚に1つずつ書いた15枚のカードがある。これらのカードの中から1枚を取り出すとき、その数が2の倍数または3の倍数である確率は次のうちどれか。

A $\dfrac{1}{3}$　　B $\dfrac{1}{4}$　　C $\dfrac{3}{4}$　　D $\dfrac{2}{3}$

E $\dfrac{2}{5}$　　F $\dfrac{3}{5}$　　G $\dfrac{4}{5}$　　H $\dfrac{7}{15}$

(8) ①, ②, ③, ④の数字を書いた4枚のカードがある。この4枚のカードをよく切って2枚を取り出すとき、2つの数の積が偶数になる確率は次のうちどれか。

A $\dfrac{1}{6}$　　B $\dfrac{1}{3}$　　C $\dfrac{1}{2}$　　D $\dfrac{2}{3}$

E $\dfrac{5}{6}$　　F $\dfrac{2}{5}$　　G $\dfrac{3}{5}$　　H $\dfrac{4}{5}$

(9) 1つのサイコロを投げ、1または6の目が出たときは直線上を左に1、それ以外の目が出たときは右に1進むものとする。サイコロを2回投げたとき、もとの位置にもどる確率は次のうちどれか。

A $\dfrac{1}{9}$　　B $\dfrac{2}{9}$　　C $\dfrac{1}{3}$　　D $\dfrac{4}{9}$

E $\dfrac{5}{9}$　　F $\dfrac{2}{3}$　　G $\dfrac{7}{9}$　　H $\dfrac{8}{9}$

(10) 図のように、箱に白球が入っている。いま1個のサイコロを投げて、偶数の目が出れば右へ1つ、奇数の目が出れば左へ1つ白球を動かすことにする。サイコロを4回投げたとき、白球がもとの箱に戻る確率は次のうちどれか。

A $\dfrac{1}{8}$　　B $\dfrac{1}{4}$　　C $\dfrac{3}{8}$　　D $\dfrac{1}{2}$

E $\dfrac{1}{9}$　　F $\dfrac{2}{9}$　　G $\dfrac{1}{3}$　　H $\dfrac{4}{9}$

命題

「対偶」をとることが絶対条件

課題1 次のそれぞれの問いに答えなさい。

(1) 「XならばYである」（X→Y）を命題とするとき、次の空欄①〜③に、「対偶」「逆」「裏」の語のうち、適切なものを選んで入れなさい。

「 命題 」……XならばYである（X→Y）
「 ① 」……YならばXである（Y→X）　　　　［　　　］
「 ② 」……XでなければYでない（$\overline{X}→\overline{Y}$）　　　　［　　　］
「 ③ 」……YでなければXでない（$\overline{Y}→\overline{X}$）　　　　［　　　］

(2) 命題が正しいとき、必ず正しくなるものを1つ選んで、記号で答えなさい。

　　A　対偶
　　B　逆
　　C　裏　　　　　　　　　　　　　　　　　　　［　　　］

(3) 次の命題の逆・裏・対偶を、文章で書いて答えなさい。

① 桜は植物である。

　　A　逆　　［　　　　　　　　　　　　］
　　B　裏　　［　　　　　　　　　　　　］
　　C　対偶　［　　　　　　　　　　　　］

② 国語が得意な人は、数学が不得意だ。

　　A　逆　　［　　　　　　　　　　　　］
　　B　裏　　［　　　　　　　　　　　　］
　　C　対偶　［　　　　　　　　　　　　］

命題

「対偶」をとることが絶対条件

(4) 次の命題が正しいとき、必ず正しいといえるものを選びなさい。

① 海が好きな人は、山が嫌いだ。
- A 山が嫌いでない人は、海が好きではない。
- B 山が嫌いな人は、海が好きだ。
- C 海が嫌いな人は、山が好きだ。
- D 海が嫌いな人は、山も好きではない。
- E 山が嫌いでない人は、海が好きだ。

② コックならスープを作ることができる
- A コックならスープを作るのは上手である。
- B スープを作ることができるならコックだ。
- C コックならば西洋料理を作ることができる。
- D スープを作ることができないのなら、コックではない。
- E コックでないならスープを作ることができない。

③ 読書が嫌いな人は、スポーツが好きだ。
- A スポーツが嫌いな人は、読書が好きである。
- B 読書が嫌いでない人は、スポーツが好きではない。
- C 読書もスポーツも嫌いな人がいる。
- D スポーツが嫌いな人は、読書が嫌いである。
- E スポーツが好きな人は、読書が嫌いである。

終わったら P26へ

課題2 次のそれぞれの問いに答えなさい。

(1) 次のX・Yが成り立つとき、Zの文の空欄に適切な語を入れなさい。ただし、空欄にはXで用いた語を入れてはいけません。

① 　X　馬は哺乳類である。
　　　Y　哺乳類は動物である。
　　　Z　馬は □□□□□ である。　　　　　[　　　　　]

命題

「対偶」をとることが絶対条件

② X 赤いキノコには毒がある。
　 Y 毒のあるキノコは食べられない。
　 Z 赤いキノコは □□□□ 。　　　　　　　　[　　　　　]

③ X サッカーが好きな人は、野球が好きではない。
　 Y 野球が好きではない人は、水泳は好きだ。
　 Z サッカーが好きな人は、□□□□ も好きだ。　　[　　　　　]

(2) 次のことが言えるとき，これらから確実にいえるものを1つ選んで記号で答えなさい。
　・自然が好きな人は、森が好きである。
　・森が好きな人は、木が好きである。
　A 森が好きな人は、自然が好きだ。
　B 木が好きな人は、自然が好きだ。
　C 自然が好きではない人は、森が好きではない。
　D 木が好きな人は、森が好きだ。
　E 自然が好きな人は、木が好きだ。

終わったら P27へ

課題3 次の各問いに答えなさい。

(1) 「肉が好きな人は、野菜が嫌いだ」ということが正しいとすると、次のうち必ず正しいものはどれですか。
　A 野菜が嫌いな人は、肉が好きだ。
　B 肉が嫌いな人は、野菜も好きではない。
　C 野菜が嫌いでない人は、肉が好きではない。
　D 野菜が嫌いでない人は、肉も好きだ。
　E 肉が嫌いな人は、野菜が好きだ。

命題

「対偶」をとることが絶対条件

(2) ある会社でアンケートをとったところ、①・②のことがわかった。この①・②からいえるのは、A～Eのうちどれですか。
　① 自動車をもっている人は、自転車をもっていない。
　② 自動車をもっていない人は、定期券をもっている。
　A 定期券をもっていない人は、自転車をもっている。
　B 自転車をもっている人は、定期券ももっている。
　C 自転車をもっていない人は、定期券ももっていない。
　D 定期券をもっている人は自動車をもっていない。
　E 自転車をもっている人は自動車ももっている。

(3) 「サッカーが上手な人は、ソフトボールが好きである」という命題が正しいとき、次の内容が正しいものはどれですか。
　A ソフトボールが好きな人は、サッカーが上手だ。
　B サッカーが好きな人は、ソフトボールが上手である。
　C ソフトボールが好きでない人は、サッカーが上手でない。
　D サッカーが上手でない人は、ソフトボールが好きではない。
　E サッカーが上手な人は、スポーツが好きだ。

(4) 「読書が好きな人は、音楽は好きではないが映画は好きである」という命題が正しいとするとき、A～Eのうち正しいものはどれですか。
　A 映画が好きな人は、音楽が好きではない。
　B 読書が好きでない人は、映画が好きである。
　C 映画が好きな人は、読書も好きである。
　D 音楽は好きではないが、映画が好きな人は、読書も好きである。
　E 音楽が好きな人は、読書は好きではない。

ブラックボックス

ボックスの演算ルールを素早くつかむ

課題1 次のそれぞれの問いに答えなさい。

(1) ある数値を入力したとき、例のような規則で出力する装置がある。P・Q 2つの装置をつないで下のような回路を作り、7を入力したとき、xの数値は次のうちどれか。

〈P装置〉　　　　　〈Q装置〉

(例)　1 → [P] → 6　　2 → [Q] → 7

　　　3 → [P] → 10　　4 → [Q] → 13

　　　8 → [P] → 20　　9 → [Q] → 28

7 → [P] → [Q] → x

A	15	B	26	C	31	D	44
E	55	F	67	G	72	H	90

ブラックボックス

ボックスの演算ルールを素早くつかむ

(2) 整数を信号として入力したとき、次のような規則で変化させるP装置とQ装置がある。

〈P装置〉　入力した2つの数値のうち、大きい方を出力する。

$X_1 \to$ [P] $\to Y$
$X_2 \to$

〈Q装置〉　入力した2つの数値をかけあわせた数値を出力する。

$X_1 \to$ [Q] $\to Y$
$X_2 \to$

P装置、Q装置を次のようにつないで数値$X_1 \sim X_4$をそれぞれ入力した場合、出力値Y = 3となるものはどれか。

	ア	イ	ウ
X_1	-7	1	-2
X_2	3	-3	-1
X_3	1	-3	-1
X_4	2	-1	3

A　アだけ　　　B　イだけ　　　C　ウだけ　　　D　アとイ
E　アとウ　　　F　イとウ　　　G　アとイとウ　　H　いずれでもない

ブラックボックス

ボックスの演算ルールを素早くつかむ

課題2 次のそれぞれの問いに答えなさい。

(1) ある数値を信号として入力するとき、次のような規則で変化させて出力する装置がある。

〈P装置〉　2つの信号を同時に入力し、少なくともどちらかが1のときは1を出力し、どちらも0のときは0を出力する。

（例）　1 → [P] → 1　　　0 → [P] → 0
　　　 0 →　　　　　　　 0 →

〈Q装置〉　2つの信号を同時に入力し、少なくともどちらかが0のときは0を出力し、どちらも1のときは1を出力する。

（例）　1 → [Q] → 0　　　1 → [Q] → 1
　　　 0 →　　　　　　　 1 →

〈R装置〉　1を入力すると0、0を入力すると1を出力する。

（例）　1 → [R] → 0　　　0 → [R] → 1

これら3つの装置を接続して、下図のような回路を作るとき、入力信号X_1〜X_4の組み合わせア〜ウのうち、出力値$Y=1$となるものはどれか。

X_1 → [Q]
X_2 →　　　　　→ [P] → [R] → Y
X_3 → [P]
X_4 →

	ア	イ	ウ
X_1	0	1	1
X_2	1	1	0
X_3	1	0	0
X_4	0	1	0

A　アだけ　　　　B　イだけ　　　　C　ウだけ　　　　D　アとイ
E　アとウ　　　　F　イとウ　　　　G　アとイとウ　　H　いずれでもない

ブラックボックス

ボックスの演算ルールを素早くつかむ

(2) 次のようなXを入力してYを出力するブラックボックスP, Q, Rがある。

$X_1 →$ [P] $→ Y$　　　$2 →$ [P] $→ 5$　　　$-2 →$ [P] $→ 2$
$X_2 →$　　　　　　　　$3 →$　　　　　　　$4 →$

$X_1 →$ [Q] $→ Y$　　　$2 →$ [Q] $→ 6$　　　$-2 →$ [Q] $→ -8$
$X_2 →$　　　　　　　　$3 →$　　　　　　　$4 →$

$X_1 →$ [R] $→ Y$　　　$6 →$ [R] $→ 3$　　　$8 →$ [R] $→ -4$
$X_2 →$　　　　　　　　$2 →$　　　　　　　$-2 →$

次のように $X_1 = 2$, $X_2 = 2$ を入力するとき、出力される数値が4である装置はどれか。

$2 →$ [　] $→ 4$
$2 →$

A　Pだけ	B　Qだけ	C　Rだけ	D　PとQ
E　PとR	F　QとR	G　PとQとR	H　いずれでもない

フローチャート

チャート図のパターンに慣れよう

課題1 次のそれぞれの問いに答えなさい。

(1) ある企業では、社員採用にあたって、下図のようなフローチャートにあてはめて、応募者の採用可能性の高い順に「採用見込み」「採用検討」「採用不検討」の3ランクに分けている。

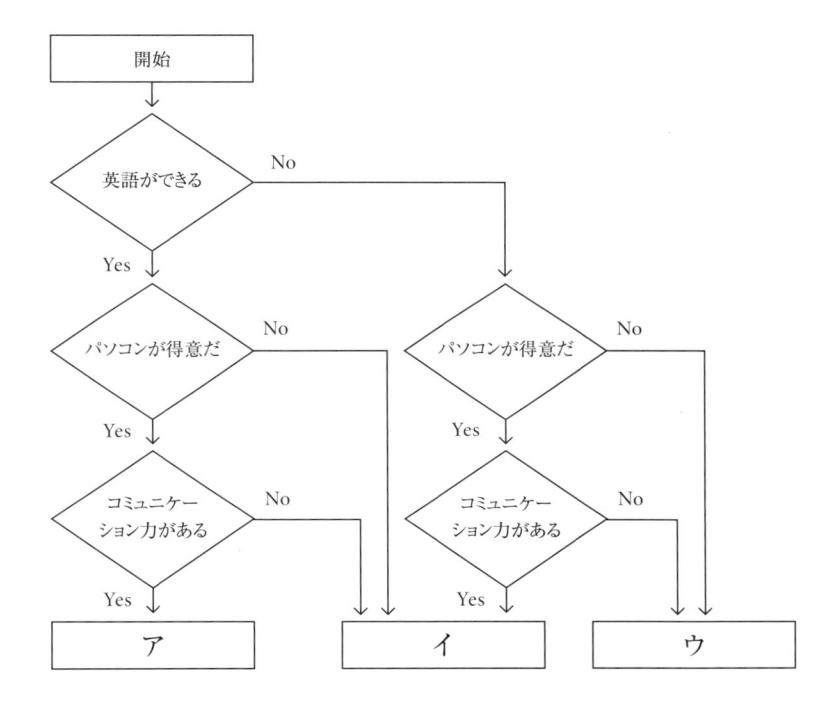

次のような応募者のうち、イのランクに入るのはだれか。

安藤……英語は得意だが、パソコンの経験はなく、コミュニケーション力も自信がない。
石井……英語は苦手で、パソコンも不得意だが、コミュニケーション力だけは負けない。
宇部……英語力は抜群で、パソコンも十分できるが、コミュニケーションは得意ではない。

A　安藤だけ　　　B　石井だけ　　　C　宇部だけ　　　D　安藤と石井
E　安藤と宇部　　F　石井と宇部　　G　安藤と石井と宇部　　H　だれもいない

フローチャート

チャート図のパターンに慣れよう

(2) 下図は飛行機に搭乗する手順を示したフローチャートである。アに入る分岐条件として最も適切なものはどれか。

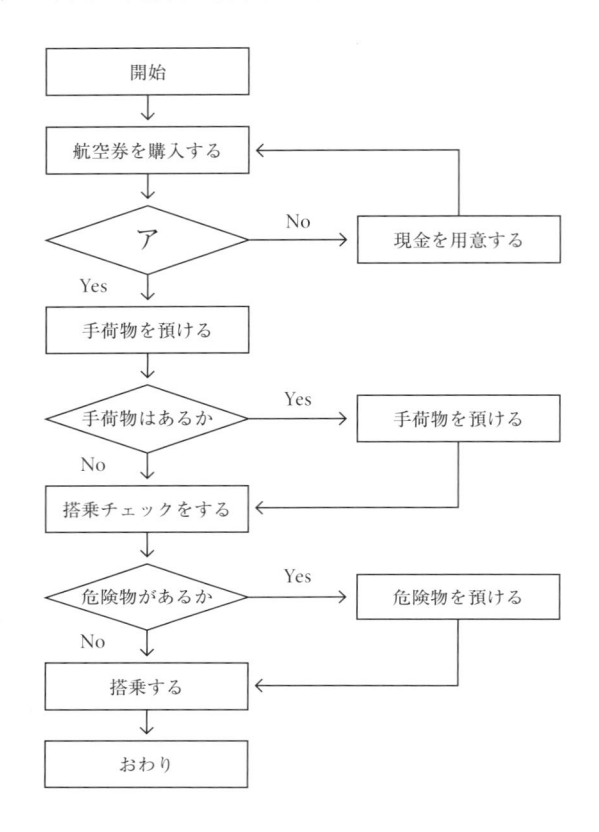

```
        開始
         ↓
   航空券を購入する ←──────────────┐
         ↓                          │
         ア ──No──→ 現金を用意する ──┘
         │Yes
         ↓
    手荷物を預ける
         ↓
   手荷物はあるか ──Yes──→ 手荷物を預ける ──┐
         │No                                  │
         ↓ ←─────────────────────────────────┘
   搭乗チェックをする
         ↓
   危険物があるか ──Yes──→ 危険物を預ける ──┐
         │No                                  │
         ↓ ←─────────────────────────────────┘
     搭乗する
         ↓
       おわり
```

A 金額は足りるか B 高所恐怖症か C 小児料金が適用されるか
D 会員カードはあるか E 座席指定をするか F 男性か女性か

終わったら P35へ

フローチャート

チャート図のパターンに慣れよう

課題2 次のそれぞれの問いに答えなさい。

(1) 次のフローチャートは、与えられた2数X, Yについて、ある計算を実行中である。
X = 100, Y = 11であるとき、途中のP地点は何回通るか。

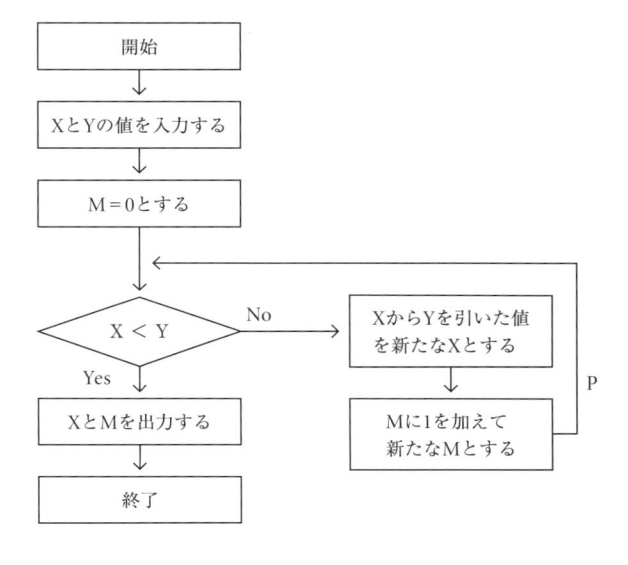

```
          開始
           ↓
    XとYの値を入力する
           ↓
        M = 0 とする
           ↓
    ┌──→  ◇ X < Y ◇ ──No──→ ┌──────────────┐
    │      Yes                │ XからYを引いた値│
    │       ↓                 │ を新たなXとする │
    │   XとMを出力する         └──────────────┘
    │       ↓                         ↓
    │      終了                ┌──────────────┐
    │                         │ Mに1を加えて  │ P
    │                         │ 新たなMとする │
    └─────────────────────────┘
```

| A | 5回 | B | 6回 | C | 7回 | D | 8回 |
| E | 9回 | F | 10回 | G | 11回 | | |

フローチャート

チャート図のパターンに慣れよう

(2) ある和菓子店では、まんじゅうの販売価格について次のように決めている。

1　顧客がまんじゅうを100個まで買う場合は、1個X円の定価で売る。
2　100個を超えて300個まで買う場合は、100個を超えた分は定価の1割引にする。100個までの分は定価通りにする。
3　300個を超えて買う場合は、300個を超える分は、超えた個数分が定価の2割引、それ以外は1, 2を適用する。

図中の [ア], [イ] に入れるのに適切な語の組み合わせとして正しいものは次のどれか（Nはまんじゅうの販売個数を表す）。

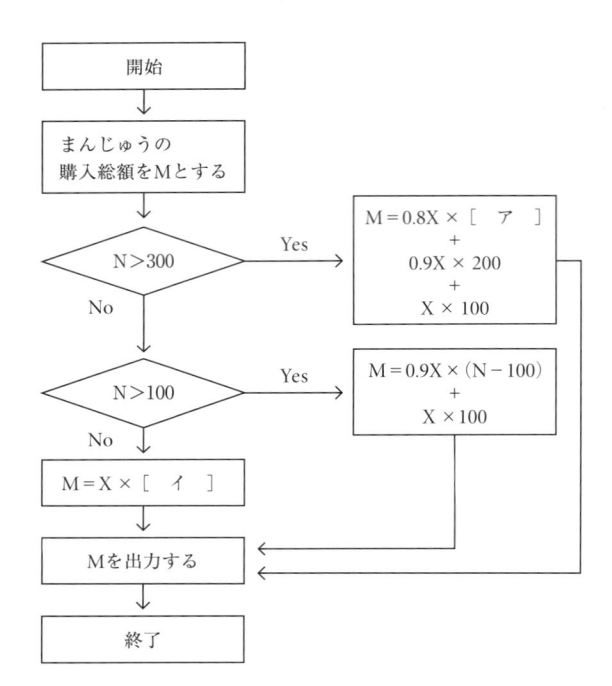

```
         開始
          │
    ┌─────────────┐
    │ まんじゅうの │
    │ 購入総額をMとする │
    └─────────────┘
          │
       ◇ N>300 ◇ ──Yes──→ ┌───────────────────┐
          │                │ M = 0.8X × [ ア ] │
         No                │         +         │
          │                │   0.9X × 200      │
          ▼                │         +         │
       ◇ N>100 ◇ ──Yes──→ │     X × 100       │
          │                └───────────────────┘
         No                ┌───────────────────┐
          │                │ M = 0.9X × (N−100)│
          ▼                │         +         │
    ┌─────────────┐        │     X × 100       │
    │ M = X × [ イ ] │    └───────────────────┘
    └─────────────┘
          │
          ▼
    ┌─────────────┐
    │   Mを出力する   │←──────
    └─────────────┘
          │
         終了
```

A　ア　N　　　　イ　N
B　ア　N　　　　イ　300−N
C　ア　200　　　イ　200−N
D　ア　N　　　　イ　300
E　ア　N−100　　イ　N
F　ア　N−300　　イ　N
G　ア　N　　　　イ　N−300

グラフと領域

与えられた条件の領域にアミカケをする

課題1 次のそれぞれの問いに答えなさい。

(1) $y = 2x + 3$ のグラフについて、正しい説明をしているものは次のうちどれか。
　ア　グラフは放物線である。
　イ　グラフは右上りの直線である。
　ウ　グラフは左上りの直線である。
　エ　グラフはx軸の3を通る。
　オ　グラフはy軸の3を通る。
　カ　グラフはx軸の–3を通る。
　キ　グラフはy軸の–3を通る。
　A　アとイとオ　　B　イとオ　　C　ウとオ　　D　イとエ
　E　ウとエ　　　　F　アとオ　　G　イとカ　　H　ウとキ

(2) 次のア～オの記述について、正しいものの組み合わせはどれか。
　ア　1次関数のグラフ $y = ax + b$ において、aの値が正のときはグラフは左上り、負のときはグラフは右上がりである。
　イ　2次関数のグラフは放物線で、必ず原点Oを通る。
　ウ　2次関数のグラフ $y = ax^2 + b$ において、aの値が正のときはグラフは上向き（∩の形）、負のときはグラフは下向き（∪の形）になる。
　エ　$x = 3$ のグラフは、y軸に平行な縦の直線で、x座標の+3を通る。
　オ　$y > x-6$ は1次関数 $y = x-6$ のグラフの上の領域になる。
　A　アとイ　　　B　イとウ　　C　ウとエ　　D　エとオ
　E　アとウ　　　F　イとエ　　G　ウとオ

終わったら　P37へ

グラフと領域

与えられた条件の領域にアミカケをする

課題2 次のそれぞれの問いに答えなさい。

(1) 座標平面を $y = -\dfrac{1}{2}x + 2$ の直線によって①，②2つの領域に分けるとき、$y > -\dfrac{1}{2}x + 2$ が表す領域は、下の図の①，②のどちらになるか。

　A　①の領域　　　　B　②の領域

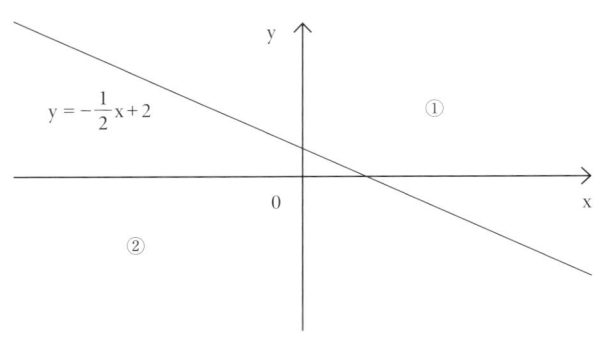

(2) 次の2つの式で表される領域として適切なものはどれか。

$$\begin{cases} y < x - 6 \\ x < 0 \end{cases}$$

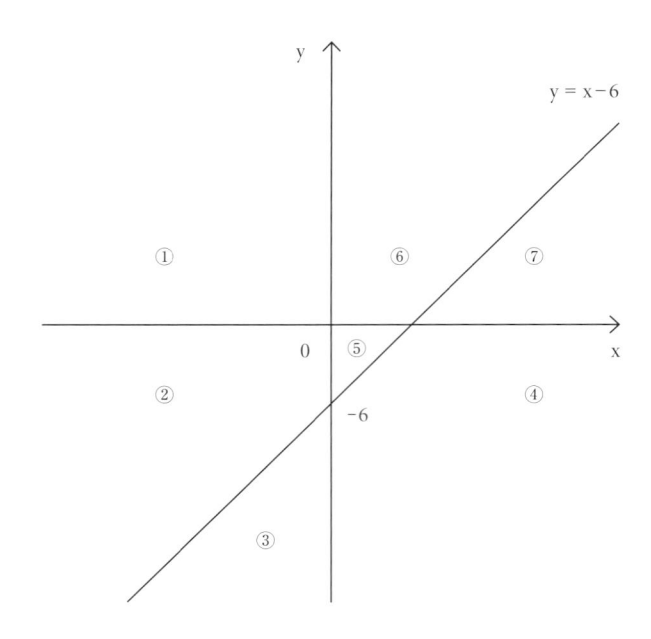

　A　①　　　B　②　　　C　③　　　D　④
　E　⑤　　　F　⑥　　　G　⑦

終わったら P38へ

グラフと領域

与えられた条件の領域にアミカケをする

課題3 次のそれぞれの問いに答えなさい。

(1) 次の2つの不等式で表される領域として適切なものはどれか。

$$\begin{cases} ア & y < -\dfrac{2}{3}x^2 \\ イ & y > \dfrac{1}{2}x - 2 \end{cases}$$

A ④, ⑤, ⑥, ⑦
B ⑤, ⑥
C ③, ⑧
D ③, ⑤, ⑥, ⑧
E ②, ③, ⑧, ⑨

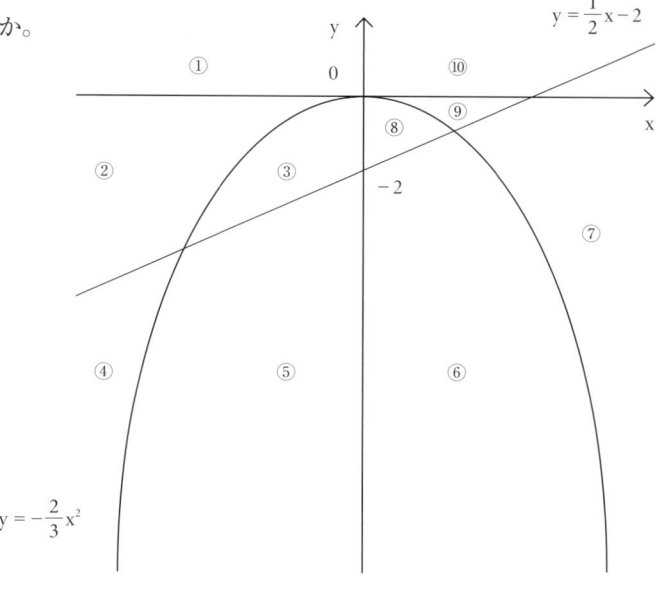

(2) 右のグラフにおいて、放物線の式は $y = x^2$（ア）, 直線の式は $y = x + 2$（イ）である。図中の①, ②が領域となるように放物線と直線の式の等号を不等号に変えるとき、[＜]の向きになるのはどの式か。

A アだけ
B イだけ
C アとイ
D どちらでもない

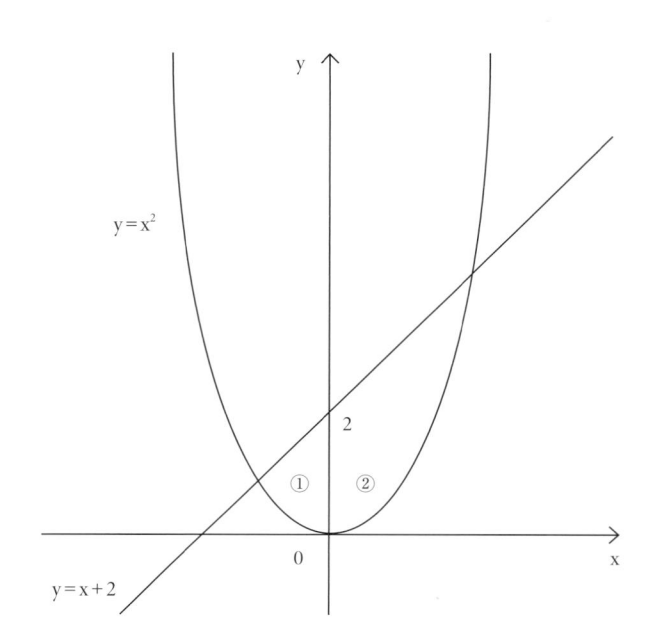

終わったら P39へ

グラフと領域

与えられた条件の領域にアミカケをする

課題4 下の座標平面は、ア～ウの式で表される3つの式で示される直線と放物線によって、①～⑨の領域に分けることができる。これについて、下の問いに答えよ。

ア $y = x^2$
イ $y = x + 3$
ウ $y = 3$

(1) $y > x^2$, $y > x + 3$, $y > 3$ で表される領域はどれか。

A ③　　　B ④　　　C ⑤
D ⑥　　　E ⑦　　　F ⑧

(2) ⑨の領域を表す式の組み合わせとして適切なものはどれか。

A $y < x^2$, $y > x + 3$, $y > 3$
B $y > x^2$, $y < x + 3$, $y > 3$
C $y > x^2$, $y > x + 3$, $y < 3$
D $y < x^2$, $y < x + 3$, $y > 3$
E $y < x^2$, $y > x + 3$, $y < 3$
F $y > x^2$, $y < x + 3$, $y < 3$

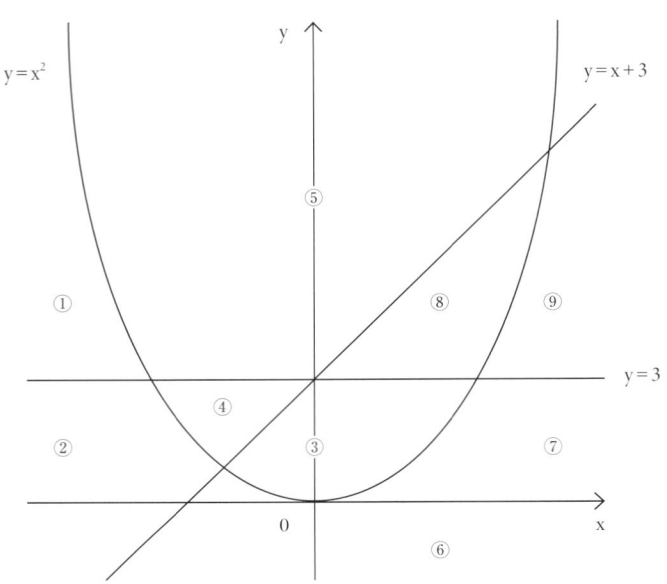

経路

直前の大文字×直前の小文字で求める

課題1 次のそれぞれの問いに答えなさい。

(1) 100個の商品のうち、30%がP社に流れるとき、P社には何個の商品が流れるか。

　　A　300個　　　　B　30個　　　　C　3個

(2) 100個の商品のうち x ％がP社に流れる。P社に流れる商品の個数は次のうちどれか。

　　A　x個　　　B　10x個　　　C　100x個　　　D　$\frac{x}{10}$個　　　E　$\frac{x}{100}$個

(3) ある商品の流れを次のように表すとき、Yはどのような式で表すことができるか。

　　Q $\xrightarrow{a}$ Y

　　A　$Y = \frac{a}{Q}$　　　B　$Y = \frac{Q}{a}$　　　C　$Y = aQ$　　　D　$Y = a + Q$　　　E　$Y = Q - a$

(4) ある商品の流れを次のように表すとき、Yはどのような式で表すことができるか。

　　Q $\xrightarrow{a}$ R $\xrightarrow{b}$ Y

　　A　$Y = aR$　　　B　$Y = aQ$　　　C　$Y = aQR$　　　D　$Y = abQ$　　　E　$Y = abR$

(5) 次のように流れる商品があるとき、Yに届く商品の量を表す式として適切なものはどれか。

　　Q $\xrightarrow{a}$ Y
　　R $\xrightarrow{b}$

　　A　$Y = aQbR$　　　B　$Y = aQ \times bR$　　　C　$Y = aQ + bR$　　　D　$Y = abQ$　　　E　$Y = aR + bQ$

(6) 次のように流れる商品があるとき、Yに届く商品の量を表す式として適切なものはどれか。

　　Q $\xrightarrow{a}$ R $\xrightarrow{b}$ Y
　　　　　　　S $\xrightarrow{c}$

　　A　$Y = aQbRcS$　　　B　$Y = abQ + cS$　　　C　$Y = aQ + bR + cS$　　　D　$Y = abR + cS$　　　E　$Y = bR$

経路

直前の大文字×直前の小文字で求める

(7) ある博覧会の会場において、催し物会場P, Q, R, Yの四会場の人の流れは次のようになった。このとき、Y会場に向かう人の数を表す式として適切なものはどれか。

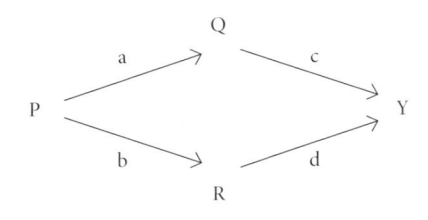

```
      Q
   a ↗   ↘ c
  P         Y
   b ↘   ↗ d
      R
```

ア　Y = aP + cQ + bP + dR
イ　Y = acPQ + bdPR
ウ　Y = cQ + dR

A　アのみ　　　　B　イのみ　　　　C　ウのみ　　　　D　アとイ
E　アとウ　　　　F　イとウ　　　　G　アとイとウ

(8) ある商品の流れを次のように表すとき、Yはどのような式で表すことができるか。

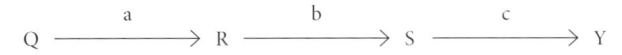

Q ─a→ R ─b→ S ─c→ Y

A　Y = abcQRS　　　　B　Y = aQ + bR + cS　　　　C　Y = $\frac{a}{Q} + \frac{b}{R} + \frac{c}{S}$
D　Y = abcQ　　　　　E　Y = abcR　　　　　　　　F　Y = abcS

(9) ある商品の流れを次のように表すとき、Yはどのような式で表すことができるか。

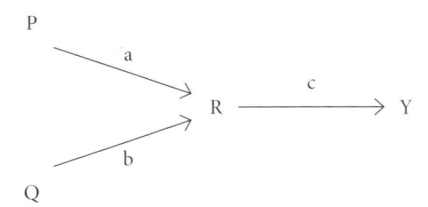

```
  P
   ↘ a
     R ─c→ Y
   ↗ b
  Q
```

A　Y = acP　　　　　　B　Y = aP + bQ + cR　　　　C　Y = abcR
D　Y = acP + bcQ　　　E　Y = abR + cP + cQ

経路

直前の大文字×直前の小文字で求める

（10）ある商品の流れを次のように表すとき、Yはどのような式で表すことができるか。

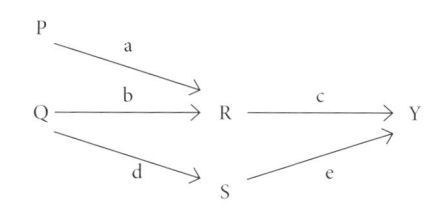

```
P
  \a
   ↘
Q ──b──→ R ──c──→ Y
  \              ↗
   d↘          ↗e
      S ─────
```

ア　Y = (bc + de) Q + acP
イ　Y = bQ + eS + aP
ウ　Y = c(Q + R) + aP + deS
エ　Y = cR + eS
オ　Y = aP + bQ + cR + dQ + eS

A　アとエ　　　　B　イとオ　　　　C　ウとエ
D　アとオ　　　　E　イとエとオ　　F　ウとエとオ

終わったら　📖 P43へ

課題2　次のそれぞれの問いに答えなさい。

（1）次の図で表される物流機構がある。P, Q, Yはそれぞれ物流拠点、a, bは物流拠点から送られる商品の割合である。これについて、次の問いに答えよ。

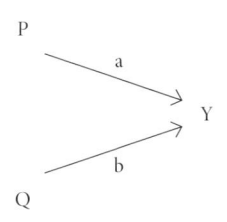

```
P
  \a
   ↘
    Y
   ↗
  /b
Q
```

ある商品について、Pが100個、Qが200個を出荷できる。a = 40％、b = 60％であるとき、Yが入荷できるのは次のうちどれか。

A　40個　　　B　60個　　　C　80個
D　120個　　E　160個　　F　240個

経路

直前の大文字×直前の小文字で求める

(2) あるデパートの売り場P, Q, R, Yについて、集まる客の人数と、人の流れの割合を表すと次の図のようになる。

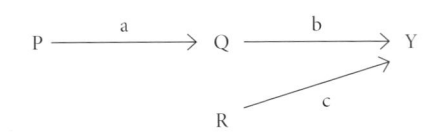

$$P \xrightarrow{a} Q \xrightarrow{b} Y \xleftarrow{c} R$$

Ⅰ　Yを表す式として適切なものはどれか。

　　ア　Y = cR + abP　　　　イ　Y = aP + bQ + cR　　　　ウ　Y = bQ + cR

　　A　アだけ　　B　イだけ　　C　ウだけ　　D　アとイ
　　E　アとウ　　F　イとウ　　G　アとイとウ　　H　いずれでもない

Ⅱ　P = 100人, R = 150人, a = 70%, b = 60%, c = 50%であるとき、売り場Yに集まる客は次のうちどれか。

　　A　56人　　B　74人　　C　83人　　D　99人
　　E　106人　　F　117人　　G　127人　　H　138人

資料解釈

データから隠れた数値を読み取る

課題1 次のそれぞれの問いに答えなさい。

(1) 次の表は、ある県の6つの市の人口と面積をまとめたものである。最も人口密度の高い市はどれか。

市名	人口（千人）	面積（km²）
P	838	149
Q	270	41
R	354	36
S	274	76
T	354	105
U	504	61

A　P市　　B　Q市　　C　R市　　D　S市　　E　T市　　F　U市

(2) ある県のN市の人口は122（千人）、人口密度は180（人／km²）である。N市のおよその面積は次のどれか。

A　22km²　　B　68km²　　C　220km²　　D　680km²
E　1056km²　　F　2112km²　　G　3460km²

(3) OECD加盟国中、人口1000人当たりの医師数が最も多いのはギリシアの4.9人である。同国の人口を1100万人とすると、同国の医師人数はおよそ何人か。

A　12000人　　B　23000人　　C　36000人　　D　41000人
E　54000人　　F　65000人　　G　76000人

(4) わが国の成人男女の喫煙率は24％で、喫煙者数は2500万人である。わが国の人口を1億2800万人とすると、わが国の未成年者人口はおよそ何人か。ただし未成年者は喫煙をしないものとする。

A　1876万人　　B　1996万人　　C　2014万人　　D　2384万人
E　2765万人　　F　3208万人　　G　4325万人

終わったら　P46へ

資料解釈

データから隠れた数値を読み取る

課題2 次の表は四国4県の人口、人口密度、工業出荷額をまとめたものである。

県名	人口（千人）	人口密度（人/km²）	工業出荷額（億円）
愛媛	1444	254	37532
高知	773	109	5579
香川	1003	534	25806
徳島	794	192	16531

(1) 面積が最も大きいのはどの県か。

　A　愛媛県　　　B　高知県　　　C　香川県　　　D　徳島県

(2) 四国4県の合計工業出荷額が、わが国全体の工業出荷額の2.2％を占めるとき、わが国全体の工業出荷額はおよそ次のうちどれか。

　A　158兆円　　B　211兆円　　C　267兆円　　D　320兆円
　E　388兆円　　F　487兆円　　G　543兆円　　H　623兆円

資料解釈

データから隠れた数値を読み取る

課題3 あるクラスの50人の生徒について、数学と英語の点数についての相関表をつくった。これについて次の問いに答えよ。

英＼数	4点	5点	6点	7点	8点	9点	10点
4点	1						
5点		1					
6点	1		1		2		
7点		1	2	2	4	7	
8点		1	2	3	2	3	3
9点		1		2	3	4	1
10点				1			2

(1) 数学と英語の点数の合計が15点以上の生徒は何人か。

 A　18人　　　B　24人　　　C　28人　　　D　31人
 E　35人　　　F　38人　　　G　42人

(2) 数学と英語の点数をそれぞれ、x, yとするとき、$2x + y = 20$となるような点数をとった生徒は何人いるか。

 A　1人　　　B　2人　　　C　3人　　　D　4人
 E　5人　　　F　6人　　　G　7人

終わったら　P49へ

資料解釈

データから隠れた数値を読み取る

課題4 下の表は、あるクラスの数学と英語の成績（それぞれ5点満点）の相関表である。これについて次の問いに答えよ。

英＼数	0点	1点	2点	3点	4点	5点
0点				1		
1点			1	4		
2点		1	2	4	3	
3点			3	8	4	1
4点		1	1	5	3	2
5点			1	3	1	1

(1) 英語と数学の得点差が2点の生徒は、何人いるか。

 A　8人 B　9人 C　10人 D　11人
 E　12人 F　13人 G　14人

(2) 英語が4点の生徒の数学の平均点は何点か。小数第2位を四捨五入して、小数第1位まで求めよ。

 A　2.6点 B　2.8点 C　3.0点 D　3.3点
 E　3.4点 F　3.6点 G　3.8点

(3) 数学の得点が英語の得点より良かった生徒は全体の何％か。

 A　24% B　28% C　32% D　36%
 E　40% F　44% G　48%

推論

わかるところから図表にする

課題1 次のそれぞれの問いに答えなさい。

(1) 安藤,石井,宇部,江口,岡本の5人は、デザートとして、メロン、バナナ、プリン、まんじゅう、パフェの5種類の中からそれぞれ2種類ずつ選んで食べた。どのデザートも2人に選ばれ、同じ人物が同じデザートを選ぶことはなかった。次のア～オのことがわかっているとき、確実にいえるのはどれか。

 ア 安藤は石井と少なくとも1つの同じデザートを選び、プリンを選んだ。
 イ 石井はまんじゅうを食べた。
 ウ 宇部は江口と同じデザートを選ばず、メロンを選んだ。
 エ 江口はバナナを選んで食べた。
 オ 岡本はパフェを選ばなかった。

 A 安藤はメロンを食べた。
 B 石井はプリンを食べた。
 C 宇部はプリンを食べた。
 D 江口はまんじゅうを食べた。
 E 岡本はメロンを食べた。

推論

わかるところから図表にする

(2) ある出版社は、8階建てのビルを所有している。この出版社には、編集部、営業部、企画部、総務部の4つの部があり、ビルの各階は必ず1つの部のみが使用し、複数の階にまたがる部は、連続した階を使用している。この出版社のそれぞれ異なる部に所属している安藤、石井、宇部、江口の4人と各部の配置について、次のことがわかっている。このとき確実にいえるのはどれか。

（わかっていること）
- 石井は営業部に所属し、7階にいる。
- 企画部は編集部より上の階を使用している。
- 営業部は3つ、編集部と企画部はそれぞれ2つの階を使用している。
- 安藤は4階にいる。
- 宇部は江口より3つ上の階にいる。

A　安藤は企画部に所属している。
B　宇部は8階にいる。
C　江口は総務部の所属である。
D　宇部は編集部の所属である。
E　江口は1階にいる。

終わったら P52へ

推論

わかるところから図表にする

課題2 次のそれぞれの問いに答えなさい。

(1) 安藤, 石井, 宇部, 江口, 岡本, 川上の6人が図のように着席して3人ずつ向かい合って座っている。安藤の向かいには宇部がいて、岡本と川上は隣り合った席である。また石井は端の席である。このとき、石井の隣に座っているのはだれか。

A 安藤　　B 宇部　　C 江口　　D 岡本　　E 川上

答　C 江口

推論

わかるところから図表にする

(2) あるサッカー大会では、青森、秋田、岩手、宮城、山形、福島、新潟、群馬の8チームがトーナメント戦を行い、青森が優勝した。この大会は下のような組み合わせ図で実施された。図中の空欄部分には、秋田、宮城、山形、福島、群馬のいずれかが入る。ア〜ウのことがわかっているとき、確実にいえるのはどれか。

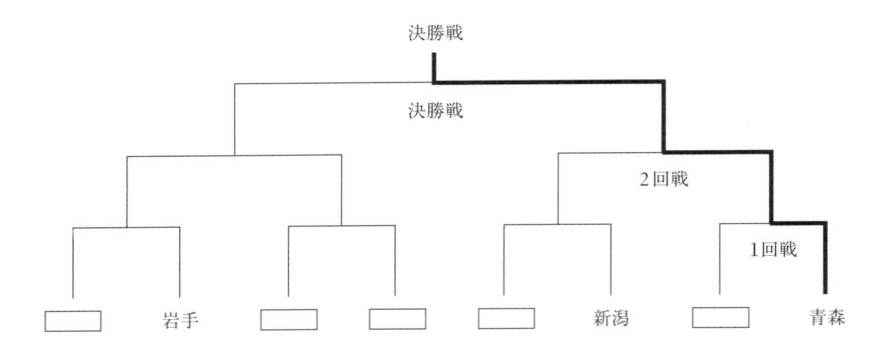

(わかっていること)

ア 群馬は青森とは対戦していない。
イ 山形は秋田に勝ったが、決勝には進んでいない。
ウ 宮城は2回戦で敗退した。

A 群馬は山形に負けた。
B 群馬は新潟に勝った。
C 新潟は宮城に勝った。
D 群馬は岩手に勝った。
E 山形は岩手に負けた。

物理問題

電流と動滑車の公式をマスターしよう

課題1 次のそれぞれの問いに答えなさい。

(1) ある抵抗Rに流れる電流をIとし、その抵抗にかかる電圧をVとするとき、次の式が成り立つ。

V = IR

下図において、10Ωの抵抗に1Aの電流が流れるとき、電圧計は何Vを示すか。

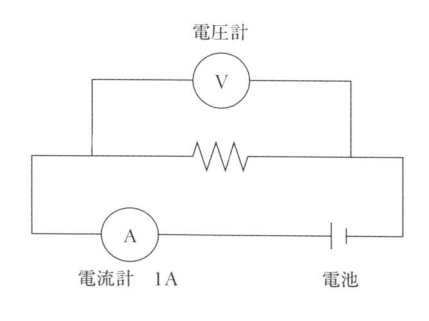

A 0.1V　　　B 1V　　　C 10V　　　D 100V　　　E 1000V　　　F 10000V

(2) 下図において、電圧を80V、電流を5Aにするには、抵抗Bは何Ωにするとよいか。

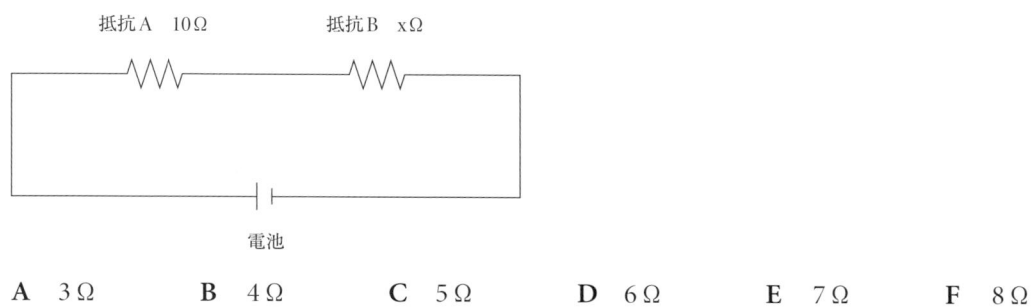

A 3Ω　　　B 4Ω　　　C 5Ω　　　D 6Ω　　　E 7Ω　　　F 8Ω

終わったら P59へ

物理問題

電流と動滑車の公式をマスターしよう

課題2 次のそれぞれの問いに答えなさい。

(1) 抵抗A, Bを図のように接続したときの合成抵抗は次のうちどれか。

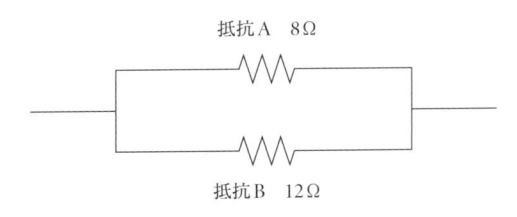

抵抗A　8Ω
抵抗B　12Ω

A　1.2Ω　　B　2.4Ω　　C　3.6Ω　　D　4.8Ω
E　6.0Ω　　F　7.4Ω　　G　8.6Ω

(2) 図のような回路がある。この回路に120Vの電圧で電流を流すとき、流れる電流は何アンペアか。

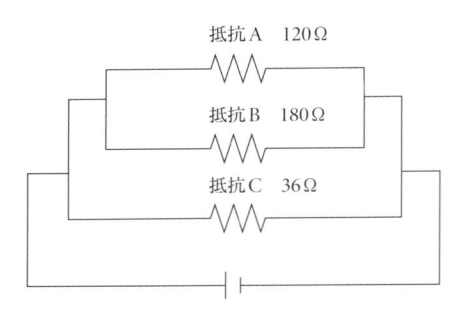

抵抗A　120Ω
抵抗B　180Ω
抵抗C　36Ω

A　1アンペア　　B　2アンペア　　C　3アンペア　　D　4アンペア
E　5アンペア　　F　6アンペア　　G　7アンペア

終わったら P60へ

物理問題

電流と動滑車の公式をマスターしよう

課題3 次のそれぞれの問いに答えなさい。

(1) 次のような装置を作って200kgの物体を引き上げるには、何kgの力が必要か。ただし滑車と綱自体の重さや摩擦は無視する。

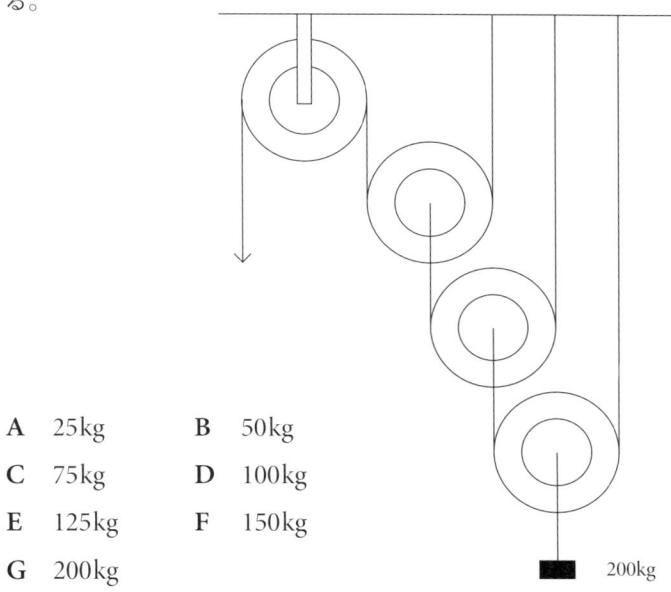

- A 25kg
- B 50kg
- C 75kg
- D 100kg
- E 125kg
- F 150kg
- G 200kg

(2) 図のような装置を作って、左端の綱を100kgで引いたとき、バランスがとれた。物体Qの重さは次のうちどれか。

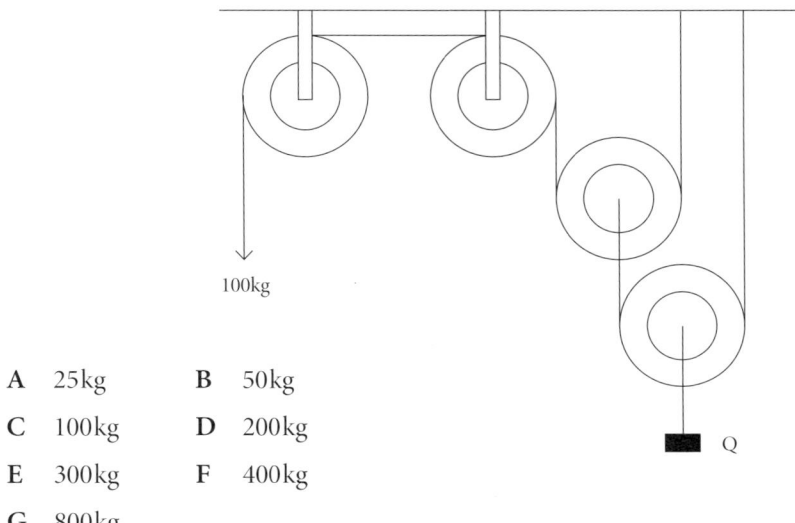

- A 25kg
- B 50kg
- C 100kg
- D 200kg
- E 300kg
- F 400kg
- G 800kg

物理問題

電流と動滑車の公式をマスターしよう

課題4 次のそれぞれの問いに答えなさい。

(1) 初速度V_0(m/s)で真上に投げ上げた物体のt秒後の速さV(m/s)と物体の地上からの高さh(m)との関係は次の式で表される。ただし重力加速度g = 10(m/s^2)とする。
$$h = V_0 t - \frac{1}{2}gt^2$$
ボールを初速度30m/sで地上から真上に投げ上げた。このボールの5秒後の高さは何mか。空気抵抗と、投げた人の身長は無視する。

A	0m	B	5m	C	10m	D	15m
E	20m	F	25m	G	30m	H	35m

(2) 物体が自由落下するとき、t秒後の落下距離h(m)は次の式で表される。
$$h = \frac{1}{2}gt^2$$ ただし、重力加速度g = 10(m/s^2)とし、空気抵抗は無視する。
ある高層ビルの屋上からボールを自由落下させたところ、ボールは6秒後に地上に着いた。この高層ビルの高さは次のうちどれか。

A	120m	B	130m	C	140m	D	150m
E	160m	F	170m	G	180m	H	190m

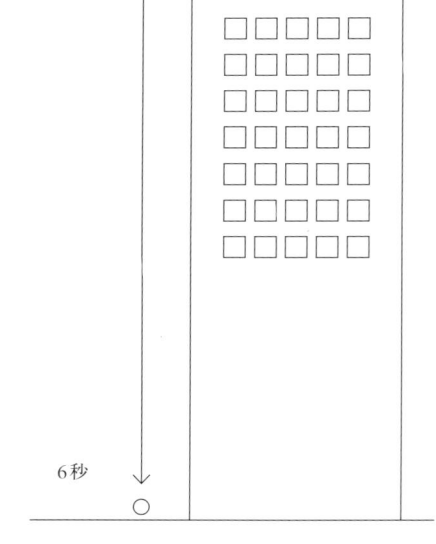

2語の関係

「2語の関係」は、SPI検査独特の出題形式

課題1 次の2語の関係として適切なものを一つ選んで、記号を○で囲みなさい。

(1) ぶどう：植物　　A 包含　B 部分　C 原料　D 用途　E 仕事
(2) ぶどう：ワイン　　A 包含　B 部分　C 原料　D 用途　E 仕事
(3) ドア：ノブ　　A 包含　B 部分　C 原料　D 用途　E 仕事
(4) 白菜：キムチ　　A 包含　B 部分　C 原料　D 用途　E 仕事
(5) 東北地方：本州　　A 包含　B 部分　C 原料　D 用途　E 仕事
(6) 公務員：警察官　　A 包含　B 部分　C 原料　D 用途　E 仕事
(7) チョーク：板書　　A 包含　B 部分　C 原料　D 用途　E 仕事
(8) チョーク：石灰石　　A 包含　B 部分　C 原料　D 用途　E 仕事
(9) はさみ：切断　　A 包含　B 部分　C 原料　D 用途　E 仕事
(10) 大学：教育機関　　A 包含　B 部分　C 原料　D 用途　E 仕事
(11) 寒天：テングサ　　A 包含　B 部分　C 原料　D 用途　E 仕事
(12) 収納：たんす　　A 包含　B 部分　C 原料　D 用途　E 仕事
(13) 年中行事：たなばた　　A 包含　B 部分　C 原料　D 用途　E 仕事
(14) 国語：科目　　A 包含　B 部分　C 原料　D 用途　E 仕事
(15) 大豆：農作物　　A 包含　B 部分　C 原料　D 用途　E 仕事
(16) メガネ：レンズ　　A 包含　B 部分　C 原料　D 用途　E 仕事
(17) 徒歩：移動手段　　A 包含　B 部分　C 原料　D 用途　E 仕事
(18) らくだ：哺乳類　　A 包含　B 部分　C 原料　D 用途　E 仕事
(19) 大工：建築　　A 包含　B 部分　C 原料　D 用途　E 仕事
(20) 調理：コック　　A 包含　B 部分　C 原料　D 用途　E 仕事

2語の関係

「2語の関係」は、SPI検査独特の出題形式

課題2 「自動車」について、次の空欄に適切な言葉を考えて記入しなさい。

(1) 自動車を工業製品の一種とみれば、自動車と工業製品は（　　　　）の関係。

(2) 自動車にはタイヤがあるとみれば、自動車とタイヤは（　　　　）の関係。

(3) 自動車は鉄から作られるとみれば、自動車と鉄は（　　　　）の関係。

課題3 次にあげた語と包含の関係にあるものを、それぞれ二つずつ書きなさい。

(例) 筆記用具　　（　ボールペン　）　（　万年筆　）

(1) 海藻　　　　（　　　　　　　）　（　　　　　　　）

(2) 球技　　　　（　　　　　　　）　（　　　　　　　）

(3) 資格　　　　（　　　　　　　）　（　　　　　　　）

(4) 県庁所在地　（　　　　　　　）　（　　　　　　　）

(5) 通信手段　　（　　　　　　　）　（　　　　　　　）

(6) 書籍　　　　（　　　　　　　）　（　　　　　　　）

(7) 日本料理　　（　　　　　　　）　（　　　　　　　）

(8) 暖房器具　　（　　　　　　　）　（　　　　　　　）

(9) 六大陸　　　（　　　　　　　）　（　　　　　　　）

(10) 天候　　　　（　　　　　　　）　（　　　　　　　）

2語の関係

「2語の関係」は、SPI検査独特の出題形式

課題4 次にあげたものの「主な原料」と考えられるものを一つ書きなさい。

(例) ケチャップ　　　(　トマト　)

(1) ようかん ( )	(2) 味噌 ( )
(3) ビール ( )	(4) たくあん ( )
(5) タイヤ ( )	(6) きなこ ( )
(7) ゼラチン ( )	(8) かまぼこ ( )
(9) パン ( )	(10) とうふ ( )

終わったら P67へ

課題5 (例) に示された2語の関係を考え、これと同じ関係を示す対を選びなさい。

(1) 　(例) **自転車：移動**

　　ア　ナイフ：フォーク　　イ　芸術作品：彫刻　　ウ　メジャー：採寸

　　A アだけ　　**B** イだけ　　**C** ウだけ　　**D** アとイ　　**E** アとウ　　**F** イとウ

(2) 　(例) **パルプ：紙**

　　ア　トマト：ケチャップ　　イ　大根：野菜　　ウ　ノーベル賞：化学賞

　　A アだけ　　**B** イだけ　　**C** ウだけ　　**D** アとイ　　**E** アとウ　　**F** イとウ

(3) 　(例) **接眼レンズ：顕微鏡**

　　ア　飛行機：交通機関　　イ　キーボード：パソコン　　ウ　押入れ：住宅

　　A アだけ　　**B** イだけ　　**C** ウだけ　　**D** アとイ　　**E** アとウ　　**F** イとウ

2語の関係

「2語の関係」は、SPI検査独特の出題形式

(4) （例）哺乳類：きりん

　　ア　楽器：トランペット　　　イ　時代劇：映画　　　ウ　自動車：バックミラー

　　A　アだけ　　　B　イだけ　　　C　ウだけ　　　D　アとイ　　　E　アとウ　　　F　イとウ

(5) （例）宣教師：布教

　　ア　棟梁：大工　　　イ　庭師：造園　　　ウ　カメラ：撮影

　　A　アだけ　　　B　イだけ　　　C　ウだけ　　　D　アとイ　　　E　アとウ　　　F　イとウ

(6) （例）パン：小麦粉

　　ア　ワイン：ぶどう　　　イ　粘土：かわら　　　ウ　ビール：日本酒

　　A　アだけ　　　B　イだけ　　　C　ウだけ　　　D　アとイ　　　E　アとウ　　　F　イとウ

(7) （例）鼻：顔

　　ア　手紙：通信　　　イ　秒針：目覚まし時計　　　ウ　音楽室：学校

　　A　アだけ　　　B　イだけ　　　C　ウだけ　　　D　アとイ　　　E　アとウ　　　F　イとウ

(8) （例）アンテナ：受信

　　ア　貯水：ダム　　　イ　道路：信号　　　ウ　辞書：勉強

　　A　アだけ　　　B　イだけ　　　C　ウだけ　　　D　アとイ　　　E　アとウ　　　F　イとウ

(9) （例）石炭：鉱物資源

　　ア　公共施設：図書館　　　イ　消防署員：公務員　　　ウ　そらまめ：豆類

　　A　アだけ　　　B　イだけ　　　C　ウだけ　　　D　アとイ　　　E　アとウ　　　F　イとウ

語句の意味・多義語

短文を作って見分ける

課題1 初めにあげた言葉と意味が最もよく合致するものを、AからEまでの中から1つ選びなさい。

(1) 自分自身をかえりみて、よしあしを考えること。
　　A 省察　　　B 省約　　　C 省略　　　D 視察　　　E 偵察

(2) 物事を進める上で妨げとなるもの。
　　A 岐路　　　B 迂回　　　C 隘路　　　D 磊落　　　E 忖度

(3) ある集団の中心となる人物。
　　A 嚆矢　　　B 乾坤　　　C 英傑　　　D 白羽　　　E 領袖

(4) 一つの事柄から他の事柄へ押し広げること。
　　A 帰化　　　B 帰納　　　C 帰順　　　D 演繹　　　E 演義

終わったら P70へ

課題2 初めにあげた言葉と意味が最もよく合致するものを、AからEまでの中から1つ選びなさい。

(1) 音声やうわさがやかましいこと。
　　A つつがない　　　B よんどころない　　　C あられもない
　　D しどけない　　　E かまびすしい

(2) 物の道理がよくわからないほど幼い。
　　A しおらしい　　　B やるせない　　　C がんぜない
　　D せつない　　　　E につかわしい

終わったら P71へ

II 言語編 19

語句の意味・多義語

短文を作って見分ける

課題3 次の語句の意味として適切なものをAからEまでの中から1つ選びなさい。

(1) 奇禍
- A 珍しい事件のこと。
- B 災いを避ける行いのこと。
- C 相手に一本取られること。
- D 不用意な行動をすること。
- E 思いがけない災難のこと。

(2) 遡行
- A 他人のあとにつき従うこと。
- B 日ごろの行為のこと。
- C 元の道を引き返すこと。
- D 流れを上流にさかのぼること。
- E 先祖の供養をすること。

(3) 批准
- A 利益をあげること。
- B 国会の議決を批判すること。
- C 条約締結に同意すること。
- D ものごとを平均化すること。
- E 法律を制定すること。

(4) 引導を渡す
- A 財産を譲渡する。
- B 最終宣告をしてあきらめさせる。
- C 男女の仲を取りもつ。
- D 相手に判断を委ねる。
- E 主導権を奪われる。

(5) おぞましい
- A いかにも嫌な感じがする。
- B だらしなくて不潔だ。
- C 気持ちが通じ合わない。
- D 軽率で手ぬかりが多い。
- E 恐怖のために身動きできない。

(6) うらぶれる
- A その都度考えが変わる。
- B 不平不満ばかり口にする。
- C 落ちぶれてみじめになる。
- D 浅はかな考えに終始する。
- E 他人をうらやましく思う。

(7) 尊大な態度
- A どっしりと構えた態度。
- B 荘重で威厳のある態度。
- C 謙虚でつつましい態度。
- D 気取って改まった態度。
- E 威張って人を見下す態度。

終わったら P71へ

語句の意味・多義語

短文を作って見分ける

課題4 初めにあげた下線部分と最も近い意味で使われているものを、AからEまでの中から1つ選びなさい。

(1) 仕事を途中で投げる。
  A 土俵の外まで投げる。
  B 新しい話題を投げる。
  C 帯をつかんで地面に投げる。
  D 決め球のシュートを投げる。
  E 医者も匙を投げる。

(2) この時期の出費は痛い。
  A 虫歯が痛い。
  B 痛いところをつかれる。
  C 赤字続きで頭が痛い。
  D サードのエラーが痛い。
  E その方法は痛し痒しだ。

(3) 支払いを必要経費で落とす。
  A 敗戦投手が肩を落とす。
  B 書類に目を落とす。
  C 初戦を落とす。
  D 大事な財布を落とす。
  E 光熱費を口座から落とす。

(4) 心配の種が一つ増える。
  A 手品の種を見破る。
  B おでんの種を入れる。
  C 野菜の種まきをする。
  D 一粒種の息子をかわいがる。
  E 人材不足が悩みの種だ。

(5) 台風で足が奪われる。
  A そこまでは足の便が悪い。
  B 一日で足が棒になる。
  C 悪事から足を洗う。
  D 宴会の予算から足が出た。
  E 知らない町に足を踏み入れる。

終わったら P72へ

語句の意味・多義語

短文を作って見分ける

課題5 初めにあげた下線部分と最も近い意味で使われているものを、AからEまでの中から1つ選びなさい。

(1) 狭い<u>ながら</u>も楽しいわが家。
　A　テレビでい<u>ながら</u>にして旅をする。
　B　電話をし<u>ながら</u>運転するのは危険だ。
　C　テレビを見<u>ながら</u>食事をする。
　D　ボールを二つ<u>ながら</u>蹴る。
　E　知ってい<u>ながら</u>話さない。

(2) 九月だという<u>のに</u>まだ暑い。
　A　注意した<u>のに</u>失敗した。
　B　大きい<u>のに</u>小さいのを混ぜる。
　C　解答する<u>のに</u>時間がかかる。
　D　山田君が散歩している<u>のに</u>出会う。
　E　君が親切な<u>のに</u>感謝する。

(3) 本の関心ある部分だけを読む。
　A　辛い<u>の</u>が好きだ。
　B　春<u>の</u>暖かい日差しが降り注ぐ。
　C　道幅<u>の</u>広い所を歩く。
　D　声<u>の</u>大きい人を選ぶ。
　E　コーヒー<u>の</u>苦いのを頼む。

終わったら 📖 P73へ

課題6 初めにあげた下線部分と最も近い意味で使われているものを、AからEまでの中から1つ選びなさい。

(1) この毛布はあたたか<u>そうだ</u>。
　A　君の話を聞きたい<u>そうだ</u>。
　B　この自転車がよさ<u>そうだ</u>。
　C　今夜は雪が降る<u>そうだ</u>。
　D　試合は中止だ<u>そうだ</u>。
　E　彼は海外へ行く<u>そうだ</u>。

(2) 映画は見たく<u>ない</u>。
　A　彼女の名前は教えられ<u>ない</u>。
　B　文字が小さくて読め<u>ない</u>。
　C　蔵書がとても少<u>ない</u>。
　D　私はゴルフはやら<u>ない</u>。
　E　それほど寒くは<u>ない</u>。

同意語・反意語

同じ漢字にまどわされないよう注意

課題1 初めにあげた言葉と意味が最もよく合致するものを、AからEまでの中から1つ選びなさい。

(1) 欠点　　　　A 長所　　　B 居所　　　C 貴所　　　D 高所　　　E 短所

(2) 親友　　　　A 同輩　　　B 知人　　　C 親戚　　　D 知己　　　E 恩人

(3) 故国　　　　A 祖国　　　B 大国　　　C 外国　　　D 帰国　　　E 遠国

(4) 著名　　　　A 署名　　　B 筆者　　　C 無名　　　D 有名　　　E 名誉

(5) 根底　　　　A 要所　　　B 払底　　　C 基礎　　　D 大義　　　E 理念

(6) 例外　　　　A 普遍　　　B 特殊　　　C 不易　　　D 案外　　　E 認可

(7) 達成　　　　A 到着　　　B 加勢　　　C 終幕　　　D 成就　　　E 道程

(8) 撞着　　　　A 矛盾　　　B 憧憬　　　C 固執　　　D 先例　　　E 忌憚

(9) 反目　　　　A 軽率　　　B 確執　　　C 短絡　　　D 賦与　　　E 執念

(10) けなす　　　A みたす　　B いじる　　C なおす　　D やぶる　　E くさす

(11) ほのかだ　　A きらびやかだ　　B あざやかだ　　C かすかだ
　　　　　　　　D かろやかだ　　　E おだやかだ

終わったら P78へ

同意語・反意語

同じ漢字にまどわされないよう注意

課題2 各問いの初めにあげた言葉と意味が反対になるものを、A～Eの中から1つずつ選びなさい。

(1) 分析　　　　A 調合　　B 融合　　C 配合　　D 総合　　E 混合

(2) 愛護　　　　A 放任　　B 虐待　　C 溺愛　　D 束縛　　E 捕獲

(3) 濃厚　　　　A 軽薄　　B 稀少　　C 拡散　　D 肉薄　　E 希薄

(4) 遺失　　　　A 利益　　B 得点　　C 拾得　　D 届出　　E 習得

(5) 秘密　　　　A 開放　　B 認知　　C 公的　　D 公開　　E 公理

(6) 鈍角　　　　A 錯角　　B 鋭角　　C 多角　　D 触角　　E 頂角

(7) 勤勉　　　　A 日課　　B 惰性　　C 放漫　　D 怠慢　　E 放埒

(8) 反抗　　　　A 準拠　　B 服従　　C 規則　　D 属性　　E 帰属

(9) 露骨　　　　A 歪曲　　B 遠慮　　C 剛腕　　D 婉曲　　E 繊細

(10) すたれる　　A にぎわう　B さびれる　C かなでる　D ひなびる　E もうでる

(11) つるつる　　A さらさら　B ざらざら　C しとしと　D ぴかぴか　E きらきら

長文読解

論理的読み方に習熟する

課題1 次の文を読んで、65ページの（1）から（5）までの5問に答えなさい。

　生きている言語は常に変化するものであり、それは誰にも押しとどめることはできない。多少変化の速度を遅くしたり、あるいはある方向へ向けて変化を誘導することはできるとしても、変化を止めることは人間にはできない。

　今使われている日本語が未来永劫このままの状態を保つとは、さすがに誰も考えていないだろう。変化することは分かっているはずなのに、実際にその変化を目の当たりにすると、「これではいけない」という気になる人が多いのも事実なのだ。これは、つまり強い規範意識が働いているということに他ならない。

　言葉について冷静になれる人は少ない。自分が身につけたものを最善、最上と思ってしまう人は多い。中には例外的に逆の人もいるが、たいていの人は自分の言葉がいちばんよいのだという思いこみをしている（教育についても似たようなことが言える）。だから、「近ごろの若者の言葉づかいはなってない」と思う年寄りは多い。自分たちが若かった頃、同じようなことを大人たちから言われていたことはすっかり忘れているのだ。何かにつけて「近ごろの若者は」という言い方は、ずいぶん昔からされていたようだが（エジプトのピラミッドの中の落書きにそんなのがあったという話を聞いたことがある）、言葉に関しては特にそういうことをいいたくなるものらしい。しかも、奇妙なことに最近では、年輩者から日本語を乱しているとして非難されている若者自身が、「日本語が乱れている」と考えているようなのだ。

　日本語は死滅していないのだから、当然、変化を続けている。言語は常に変化しているのだから、どこかある時点を基準として設定すれば、それ以後の言語はすべて「乱れている」ということになる。もちろん、言語は自然現象とまったく同じというわけではなく、ある程度は人間による操作が可能な部分もある。例えば、日本語の場合だと漢字の字体を改めるとか、かなづかいを変えるとか、標準語をどうするかなどは人間が手を加えて、一定の方向性を定めることが可能だ。そこで言語政策という考え方が出てくる。

　ところが、そうやってある政策をとって決められる部分とそうでない部分がある。簡単に言えば、言語は勝手に変化してしまうのだ。それは止めたくても止められない。変化が起こり始めている部分を見つけて、その方向がこれからどうなるだろうかという予測はある程度可能だが、しかし、どういう変化が起こるかということまでは分からない。

　例えば少し前に話題になった「ら抜き言葉」とか、あるいはもっと以前からずっと話題になっていて、もはや風前のともしびとも言える「ガ行鼻濁音」という鼻に抜ける「ガ行」の音などは、変化が起こり始めた後で、今後どうなるかということが予測されている。

　言語はある程度は人間が手を加えることができるが、まったく自由に加工できるものでもない。結局今起こっている変化を見つめながら、将来に向けてどういう手を打つことが可能かということを、考えるしかないのだ。

　表7（＝省略）に示すのは文化庁の調査である。全体で八六％の人びとが「日本語は乱れている」と思っている。しかも、どの年齢層でもほぼ同じような割合でそう考えているということが分かる。年輩の人びとがそう考えるのは、よく分かるが、若年層でもそのような考え方をするというのは、かなり不思議なことである。

　日本語が乱れていると誰もが思っている状態というのは、どう考えても健全ではない。しかも、その乱れた日本語を使っていると考えられている若者自身が、自分たちの言葉は乱れている、というのだからどうかしている。彼らが自ら直せばよさそうなものだが、そうしない。いや、実はそうできないのだ。若者たちは大人が乱れていると言うから乱れている気になっているだけなのである。

（鈴木義里　2002『日本語のできない日本人』（中央公論新社）による）

長文読解

論理的読み方に習熟する

課題2 次の文を読んで、66ページの（1）から（5）までの5問に答えなさい。

　私は作品を書く場合には、一つ進歩した作品を書けば、必ず一つは前へ戻って退歩した作品を書いてみる習慣をとっている。そうでなければ次ぎの進歩が分りかねるからであるが、昨年の夏、総持寺の管長の秋野孝道氏の禅の講話というのをふと見ていると、向上ということには進歩と退歩の二つがあって、進歩することだけでは向上にはならず、退歩を半面でしていなければ真の向上とはいいがたいという所に接し、私は自分の考えのあながち独断でなかったことに喜びを感じたことがあった。このようなことは、禅機に達することだとは思わないが、カルビン派のように、知識で信仰にはいろうとしなければならぬ近代作家の生活においては、孝道氏の考え方は迷いを退けるには何よりの近道ではないかと思う。

　他人のことは私は知らないが自分一人では、私は物事をどちらかというと観察しない方である。自然に眼にふれ耳にはいってくることの方を大切にしたいと思っている。観察をすると有効な場合はあるが、観察したことのために相手が変化をしてしまうので、もう自然な姿は見られない。殊に何ものよりも一番大切な人の顔がそうである。誰からも尊敬されているような人物よりも、誰からも軽蔑されている人物の方が正確に人をよく見ていることの多いのも、露骨に人はそのものの前で自分をだましてしまうからにちがいない。このようなところから考えても、ドストエフスキイが伯爵であるトルストイの作を評して、庶民というものをトルストイは知っていないと片づけたのも、トルストイにとっては致命的な痛さだったにちがいない。貴族のことを好んで書いたバルザックも誰か無名の貴族のものから、彼は貴族の生活というものを知っていないとやられている。

　しかし、何といっても、作家も人間である以上は、一人で一切の生活を通過するということは不可能なことであるから、何事をも正確に生き生きと書き得られるということは所詮それは夢想に同じであるが、私たちにしても作者の顔や過去を知っているときは、もうその作家の作物に対して殆ど大部分正確な批判は下せていない。殊に、作家の顔がその作物を読む場合に浮び出しては、おしまいである。田舎にいてまだ人に知られていない作者で、よく文壇を動かすことのあるとき、都会へ出て来ても依然として動かしつづけているとしたら、よほどまれなその者は人物だと見てもよいと思う。

　しかし結局、身辺小説といわれているものに優れた作品の多いことは事実であり、またしたがって当然でもあるが、私はたとい愚作であろうとかまわないから、出来得る限り身辺小説は書きたくないつもりである。理由といっては特に目立った何ものもない、ただ一番困難なことを私はやりたくてならぬ性質なのである。

　もちろん、身辺小説も困難なことにおいてはそう違わないと思うが、人それぞれの性質によって困難の対象は違うものとしなければならぬなら、私にとっての困難はやはり身辺小説だとは思えないので、こつこつやっているうちに幾らかはなろうと思っている。決心したことはまずやって見なければ、この道にはいってしまった以上は、もう仕方がない。

　しかし、幸いなことには私は、作品の上で成功しようと思う野望は他人よりは少い。いやむしろ、そんなものは希としては持っているだけで、成功などということはあろうとは思えないのである。これは前にも書いたことで今始めて書くことではないが、作品の上では、成功というような結構なものはありはしないと思っている。書く場合に書くことを頭に浮べて思うとき、いつも、これは自分にはどうしても書けるものではないと思う。しかし、もう一度考えて見ると、自分以外のものでもどんな大天才を昔から掘り起して来たところが、やはり書けない部分がそこにひそんでいることを感づいてくる。そうなると、作家というものはもう慎重な態度はとっていられるものではなくなってしまう。

（横光利一　1962『日本随筆・随想集』「作家の生活」（平凡社）による）

長文読解

論理的読み方に習熟する

課題1 設問

(1) 言語について、文中に述べられていることと合致するのは、次のうちどれか。
　　ア　自由に加工できる。　　　　イ　流行に支配される。
　　ウ　変化を誘導できる。
　　A　アだけ　　B　イだけ　　C　ウだけ　　D　アとイ　　E　アとウ　　F　イとウ

(2) 日本語において、操作可能な対象として文中に述べられていることと合致するのは、次のうちどれか。
　　ア　ら抜き言葉　　　　　　　　イ　漢字の字体
　　ウ　ガ行鼻濁音
　　A　アだけ　　B　イだけ　　C　ウだけ　　D　アとイ　　E　アとウ　　F　イとウ

(3) 日本語について、文中に述べられていることと合致するのは、次のうちどれか。
　　ア　若年層も乱れていると考えている。　　イ　若年層だけが乱している。
　　ウ　継続して変化している。
　　A　アだけ　　B　イだけ　　C　ウだけ　　D　アとイ　　E　アとウ　　F　イとウ

(4) 「近ごろの若者の言葉づかいはなっていない」と年輩者が思うことについて、文中に述べられていることと合致するのは、次のうちどれか。
　　ア　いつの時代にも同じことが言われている。　イ　適切な指摘とはいえない。
　　ウ　若者も年輩者の乱れを指摘している。
　　A　アだけ　　B　イだけ　　C　ウだけ　　D　アとイ　　E　アとウ　　F　イとウ

(5) 文中に述べられていることと合致するのは、次のうちどれか。
　　A　母国語が最上の言語だと思う人が多い。
　　B　日本語の乱れは、気にならない人が大勢いる。
　　C　日本語の乱れは、基準を設定して比較されている。
　　D　日本語が変化しないと考える人はほとんどいない。
　　E　若者は言葉の乱れを修正したいと考えている。

/ 言語編

長文読解

論理的読み方に習熟する

課題2 設問

(1) 進歩の半面で退歩もしていなければ真の向上とはいいがたいと考える人物として適切なものは、次のうちどれか。
　　ア　本文の筆者　　　　　　　　イ　秋野孝道氏
　　ウ　トルストイ
　　A　アだけ　　B　イだけ　　C　ウだけ　　D　アとイ　　E　アとウ　　F　イとウ

(2) 観察について文中に述べられていることと合致するのは、次のうちどれか。
　　ア　作品を書くうえでの根幹になるものである。　　イ　対象を変化させるはたらきがある。
　　ウ　自然な姿を見るのに有効である。
　　A　アだけ　　B　イだけ　　C　ウだけ　　D　アとイ　　E　アとウ　　F　イとウ

(3) 作品について正確な批判をする条件として、文中に述べられていることと合致するのは、次のうちどれか。
　　ア　作者の顔を知らないこと。　　　　イ　作者が田舎に住んでいること。
　　ウ　文壇を動かす力の有無を見きわめること。
　　A　アだけ　　B　イだけ　　C　ウだけ　　D　アとイ　　E　アとウ　　F　イとウ

(4) 身辺小説について、文中に述べられていることと合致するのは、次のうちどれか。
　　ア　優れた身辺小説は他の作家に大きな影響を与える。
　　イ　バルザックの小説もある意味では身辺小説である。
　　ウ　筆者にとって、特に困難な分野とはいえない。
　　A　アだけ　　B　イだけ　　C　ウだけ　　D　アとイ　　E　アとウ　　F　イとウ

(5) 文中に述べられていることと合致するのは、次のうちどれか。
　　A　進歩を後押しするのは退歩であり、退歩こそ生き方の核心である。
　　B　大天才作家にも書けない部分とはその人の真実の性質である。
　　C　まだ世間に知られない段階で文壇を動かすことはまれである。
　　D　筆者は、作品上の成功というものはありえないと感じている。
　　E　ドストエフスキイは貴族と庶民の両方に精通した作家であった。

所属 ＿＿＿＿＿＿＿＿＿＿＿＿＿＿＿＿＿　＿＿年＿＿月＿＿日
番号 ＿＿＿＿＿＿＿＿　氏名 ＿＿＿＿＿＿＿＿＿＿＿＿

志望理由

具体性が勝負の分かれ道

課題1　次のそれぞれの問いに答えなさい。

(1)　あなたの志望する業種は何ですか。業種名（例：流通業界　など）と、志望する理由を書いてください。

　　業種名 ＿＿＿＿＿＿＿＿＿＿＿＿＿＿＿＿＿＿＿＿＿＿＿＿＿＿＿＿＿＿＿＿

　　理由 ＿＿＿＿＿＿＿＿＿＿＿＿＿＿＿＿＿＿＿＿＿＿＿＿＿＿＿＿＿＿＿＿＿

(2)　あなたの志望する職種は何ですか。職種名（例：営業　など）と、志望する理由を書いてください。

　　職種名 ＿＿＿＿＿＿＿＿＿＿＿＿＿＿＿＿＿＿＿＿＿＿＿＿＿＿＿＿＿＿＿＿

　　理由 ＿＿＿＿＿＿＿＿＿＿＿＿＿＿＿＿＿＿＿＿＿＿＿＿＿＿＿＿＿＿＿＿＿

所属 _____ ____年__月__日
番号 _____ 氏名 _____

III エントリーシート編
22

志望理由

具体性が勝負の分かれ道

(3) 現代のさまざまな社会的諸問題について、最も解決が急がれるのは、どのような問題だと思いますか。また、そう思う理由は何ですか。その解決のために、どんなアイデアが考えられますか。

_____
_____
_____
_____

(4) 社会人として最も活かしたいあなたのスキルや資格はどんなことですか。

_____
_____
_____
_____

(5) あなたのモットーはどんなことですか。

_____
_____
_____
_____

(6) あなたの描く社会人像は、どのようなものですか。

_____
_____
_____
_____

所属 _____ _____ 年 ___ 月 ___ 日
番号 _____ 氏名 _____

志望理由

具体性が勝負の分かれ道

(7) あなたが入社を希望する会社名を1つだけあげてください。複数ある場合や、まだ決まっていない場合は、「～のような会社」などとしてもかまいません。

_____
_____
_____
_____

(8) (7)であげた会社には、どんなよい点がありますか。また、その会社に提案をするとすれば、どんなところですか。

_____
_____
_____
_____
_____
_____
_____
_____
_____
_____

所属 _____ ___ 年 ___ 月 ___ 日

番号 _____ 氏名 _____

III エントリーシート編
22

志望理由

具体性が勝負の分かれ道

(9) (1)～(8)を参考にして、(7)であげた会社への志望理由をまとめてください。

所属 ＿＿＿＿＿＿＿＿＿＿＿＿＿＿＿＿ ＿＿年＿＿月＿＿日

番号 ＿＿＿＿＿＿＿＿ 氏名 ＿＿＿＿＿＿＿＿

Ⅲ エントリーシート編

23

自己PR・学生生活

ありふれた日常にネタがある

課題1 次のそれぞれの問いに答えなさい。

(1) 以下の項目について、あなた自身で5段階評価をしてください。最も自信のあることがらには「5」、まったく自信のないことがらを「1」とします。

	項目	5	4	3	2	1
1	誠実な性格である	□	□	□	□	□
2	明るい性格である	□	□	□	□	□
3	積極的なタイプである	□	□	□	□	□
4	常に努力をする	□	□	□	□	□
5	発想は独創的である	□	□	□	□	□
6	協調性がある	□	□	□	□	□
7	リーダーシップがある	□	□	□	□	□
8	決断力がある	□	□	□	□	□
9	向上心がある	□	□	□	□	□
10	表現力がある	□	□	□	□	□
11	好奇心が強い	□	□	□	□	□
12	素直な性格である	□	□	□	□	□
13	活発な性格である	□	□	□	□	□
14	度胸がある	□	□	□	□	□
15	自主性がある	□	□	□	□	□
16	根気強い	□	□	□	□	□
17	人から信用される	□	□	□	□	□
18	約束は必ず守る	□	□	□	□	□
19	マナーは必ず守る	□	□	□	□	□
20	コミュニケーション力がある	□	□	□	□	□

(2) (1)において、「5」の評価をした項目（ない場合は、「5」以外の最も高い評価をした項目）のうち、あなたが最も自信を持つ項目を1つだけあげてください。

＿＿＿＿＿＿＿＿＿＿＿＿＿＿＿＿＿＿＿＿

所属 _____ ____年___月___日

番号 _____ 氏名 _____

III エントリーシート編

23

自己PR・学生生活

ありふれた日常にネタがある

(3) (2)であげた項目に関する具体的なエピソード（できるだけ最近のもの）をわかりやすく書いてください。

(4) (2)であげた項目について、社会人としてどのような場面で活用できると考えますか。

(5) (1)であげた20の項目以外に、あなたが自信を持っていることは何ですか。

(6) あなたが、これまでに努力をして達成・成功したことでもっとも印象に残るのはどんなことですか。

所属 _____ ____ 年 ____ 月 ____ 日
番号 _____ 氏名 _____

自己PR・学生生活

ありふれた日常にネタがある

(7) あなたを一語または一文で表現するとすれば、どんなことですか。
（例：「裏表のない人間」「不屈の精神の持ち主」「人の痛みがわかる人」など）

_____

(8) (1)〜(7)を参考にして、あなたの自己PRを書いてください。PRする事項は多くても2点以内にしぼり、それを裏付ける具体的エピソードなどを書いてください。またキャッチフレーズやキャッチコピーをつけることは自由です。PR内容が企業活動とどのように結び付くのかを明らかにしてください。

_____
_____
_____
_____
_____
_____
_____
_____
_____
_____
_____
_____
_____
_____
_____

終わったら P90へ

所属 _____ ____年____月____日
番号 _____ 氏名 _____

自己PR・学生生活

ありふれた日常にネタがある

課題2 次のそれぞれの問いに答えなさい。

(1) 大学での専攻分野は何ですか（例：中世イギリス文学　金属工学　など）。

_____

(2) その内容を、親戚の年輩者にわかるように、具体的に説明してください。

_____
_____
_____
_____

(3) (1)であげた専攻分野を選んだ理由は何ですか。

_____
_____
_____
_____

(4) あなたが住んでいる地域において、ボランティア活動や、行事などに参加したことがありますか。あるとすれば、具体的にどんな活動ですか。ないとすれば、その理由は何ですか。

_____
_____
_____
_____

所属 _____ _____ 年 ___ 月 ___ 日

番号 _____ 氏名 _____

III
エントリーシート編
23

自己PR・学生生活

ありふれた日常にネタがある

(5)　大学入学後、取得した資格や免許、またはこれから5年以内に取得したいと考えている資格や免許はありますか。

_____

_____

(6)　大学では、部活動、サークル活動、同好会などに参加していますか。参加している場合、具体的にその内容と、これまでの成果や体験を書いてください（中学・高校時代の体験は除きます）。

_____

_____

_____

_____

(7)　大学入学後、継続している、大学での専攻以外の勉強、趣味などは何ですか（例　英会話　国内旅行　など）。その具体的内容を書いてください。

_____

_____

(8)　あなたは生活をするうえで、どんなことを心がけていますか（例　浪費を慎む　暴飲暴食をしない　など）。

_____

_____

(9)　「これだけはやめられない」というものは何ですか（例　月1回の映画鑑賞　毎日の友人とのティータイム　たばこ　授業前後のメール　通学中の音楽　など）。また、やめられない理由は何ですか。

_____

_____

所属 _____ ____年 ____月 ____日

番号 _____ 氏名 _____

自己PR・学生生活

ありふれた日常にネタがある

(10) あなたにとって就職活動は、どんな点で「プラス」があり、どんな点で「マイナス」があると感じますか。

_____
_____

(11) 大学入学後、個人的なことまたは社会的なできごとで感動（またはショック）を受けたことはありますか。それに対して、具体的に何か行動をしましたか。

_____
_____
_____

(12) (1)〜(11)を参考にして、あなたが大学生活でもっとも力を入れている（または入れた）ことを具体的に書いてください。また、そのことがらと、これからの社会人として活躍するうえでの関わりを書いてください。

_____
_____
_____
_____
_____
_____
_____
_____
_____
_____

III エントリーシート編
23

課題の解法

1 方程式－速度算

課題1 (1) 速さ×時間＝距離の公式に代入する。$15 \times \frac{36}{60}$ より求める。 (2) $120 \div 1\frac{1}{3}$ より求める。 (3) $2400 \div (90+70)$ より求める。 (4) $\frac{x}{12}+2 = \frac{x}{4}$ より求める。 (5) 家からxkmの地点で追いつくとすると、$\frac{x}{15} - \frac{10}{60} = \frac{x}{45}$ の式ができる。これよりxを求める。 (6) 10分走った距離は $12 \times \frac{10}{60} = 2$ (km)。残りの距離は4－2＝2 (km)。これより 2÷4（時間）を求め単位を分に直す。 (7) 伊藤君は10kmを40分で走ったので平均時速は $10 \div \frac{40}{60}$ より求める。 (8) 下りの道のりをx(km)とすると、$\frac{8-x}{2} + \frac{x}{4} + \frac{30}{60} = 3\frac{45}{60}$。これよりxを求める。 (9) 列車が走った時間は、Y駅停車の15分を除いて、2時間20分。X・Z間の距離は $60 \times 2\frac{20}{60}$ より求める。

2 方程式－濃度算 （解説及び数式中の単位gは省略する）

課題1 (1) $\frac{70}{70+210}$ より求める。 (2) 750×0.04 より求める。 (3) まず食塩の量を求める。$300 \times 0.04 = 12, 200 \times 0.14 = 28$。$12+28 = 40$。これより $\frac{40}{300+200} = 0.08$ になる。 (4) 食塩の量は $300 \times 0.06 = 18$。これを9％にするには $18 \div 0.09 = 200$。$300-200$ より求める。 (5) 食塩の量は、$300 \times 0.06 = 18$。これを2％にするには $18 \div 0.02 = 900$。$900-300$ より求める。 (6) Bの容器の食塩の量は、$300 \times 0.08 = 24$。これを6％にするには $24 \div 0.06 = 400$。$400-300$ より求める。 (7) それぞれの容器の食塩の量は、A $600 \times 4\% = 24$，B $400 \times 3\% = 12$。食塩の量を等しくするには、それぞれの容器の食塩量を18にすればよいので、AからBへは $(24-18) \div 4\%$ の食塩水を移すとよい。 (8) 1回目の作業で食塩の量は48から38.4に減少する。2回目の作業で、さらに30.72に減少する。元の食塩の量は $800 \times 6\% = 48$。1回目に $\frac{1}{5}$ 取り出すので、$48 \times 0.8 = 38.4$ になる。さらに2回目でも $\frac{1}{5}$ 取り出すので、$38.4 \times 0.8 = 30.72$　濃度は $\frac{30.72}{800}$ より求める。

3 方程式－流水算

課題1 (1) $15 \div 1\frac{30}{60}$ より求める。 (2) ①船の速さは $12+4=16$ km/時。$36 \div 16$ より所要時間を求める。 ②船の速さは $12-4=8$ km/時。$36 \div 8 = 4.5$（時間）(4時間30分)。ここから①で求めた時間を引く。 (3) ①上りは、3時間で18km進むので、1時間では6km。下りは、3時間で54km進むので、1時間では18km。川の流れの速さは（下りの速度－上りの速度）÷2より、$(18-6) \div 2$ で求める。②静水時の船の速さは、（上りの速さ＋下りの速さ）÷2より、$(6+18) \div 2$ で求める。 (4) 上りの速さ $10-2=8$ km/時、上りの所要時間は $24 \div 8 = 3$（時間）、下りの速さ $10+2=12$ km/時、下りの所要時間は $24 \div 12 = 2$（時間）、合計所要時間は $3+1+2=6$ 時間。午前8時の6時間後は？ (5) 上りの所要時間は、$\frac{24}{9-3} = 4$（時間）。下りの所要時間は $\frac{24}{9+3} = 2$（時間）。この合計時間を求める。 (6) 川の流れの速さをxkm/時とする。上りに要する時間は下りに要する時間の2倍なので、上りの速度：下りの速度＝1：2。$(12-x):(12+x) = 1:2$ より、$2(12-x) = 12+x$。これを解いてxの値を求める。 (7) 上りの速度は $12-9=3$ (km/時)。所要時間は $9 \div 3$ で求める。

4　方程式－仕事算

課題1　(1) 全体を1と考えると、1日にはその$\frac{1}{15}$を進めることになる。　(2) A君の1日の仕事量は$\frac{1}{15}$、B君の1日の仕事量は$\frac{1}{20}$。2人合わせた仕事量は$\frac{1}{15}+\frac{1}{20}$より求める。　(3) A君の1日の仕事量は$\frac{1}{3}$、B君の1日の仕事量は$\frac{1}{6}$。2人合わせた1日の仕事量は$\frac{1}{3}+\frac{1}{6}=\frac{1}{2}$。全体を1と考えて$1\div\frac{1}{2}$より求める。　(4) $1\div(\frac{1}{30}+\frac{1}{45})$で求める。　(5) $1\div(\frac{1}{20}+\frac{1}{15}+\frac{1}{12})$で求める。　(6) 3人合わせた1日の仕事量は$\frac{1}{20}+\frac{1}{15}+\frac{1}{12}=\frac{1}{5}$。3日働いたので$\frac{1}{5}\times3=\frac{3}{5}$仕上がっている。残りの$\frac{2}{5}$をP1人ですると、$\frac{2}{5}\div\frac{1}{20}$日かかる。　(7) 所要日数をx日とすると、$\frac{1}{8}(x-2)+\frac{1}{10}(x-1)=1$。これを解いてxを求める。　(8) $1\div(\frac{1}{4}+\frac{1}{6})=2.4$(時間)。これは何時間何分といえるか。　(9) P管とQ管の両方で3分間給水したときの水量は$(\frac{1}{24}+\frac{1}{16})\times3=\frac{15}{48}$。残りのR管だけで給水した水量は$1-\frac{15}{48}=\frac{33}{48}$。これを1分間$\frac{1}{32}$の給水量のR管で入れるのに要する時間は$\frac{33}{48}\div\frac{1}{32}$で求める。　(10) 1人1日の仕事量$\frac{1}{x}$は、10人が14日で$\frac{2}{5}$を終えたので、$\frac{1}{x}\times10\times14=\frac{2}{5}$より、x=350。残り6日間で$\frac{3}{5}$の仕事をするので、現在の10人と、投入される人数をあわせた1日の仕事量は$\frac{3}{5}\div6=\frac{1}{10}$。1人は$\frac{1}{350}$の仕事をするので、必要な人数は$\frac{1}{10}\div\frac{1}{350}=35$人。現在10人いるので、投入するのは35-10人。

5　方程式－損益算

課題1　(1) 仕入原価をx円とすると、$x\times(1+0.3)=10400$(円)よりxの値を求める。　(2) $10400\times(1-0.2)=8320$(円)。これが売価なので、利益は8320-8000(円)で求める。　(3) $4000\times(1+0.35)$で求める。　(4) (3)で求めた金額×0.25で求める。　(5) 1個の仕入原価をx円とすると、$180x+1260=60x(1+0.3)+90x(1+0.25)$よりxの値を求める。　(6) $1000\times60+1000(1-0.15)\times40-800\times100$より求める。　(7) 定価をx円とすると、$x(1-0.05)-x(1-0.1)=550-400$。これより定価は3000円。原価は、$3000\times(1-0.1)-400$で求める。　(8) Pの原価をx円とすると、Qの原価は(x+100)円。$x\times(1+0.25)-100=(x+100)\times(1+0.2)$。これを解いてx=4400(円)。2つあわせた原価は4400+(4400+100)より求める。　(9) 原価の2割の利益があったので、売価は$5000(1+0.2)=6000$円。これが定価の1000円引なので、定価は6000+1000(円)より求める。　(10) 定価は$2400\times(1+0.5)=3600$(円)。これを2割引で販売したので売価は$3600\times(1-0.2)=2880$(円)。利益は480円であり、原価に対する割合は480÷2400より求める。

6　方程式－植木算

課題1　(1) $100\div4+1$より求める。　(2) $(2400\div40+1)\times2$より求める。　(3) 片側の道路に立てる電柱は$42\div2=21$本。電柱と電柱の間隔をxmとすると、$840\div x+1=21$。　(4) 標識と標識の間隔は、道路の片側に$800\div40=20$個できる。両側では$20\times2=40$個。標識と標識の間隔1つにつき小旗は$40\div5-1=7$本必要なので、全部では40×7より求める。　(5) 24と36の最大公約数は12。よって12m間隔で杭を打つ。必要な杭の数は$(24\times2+36\times2)\div12$より求める。　(6) 池の周囲は、$50\times30=1500$(m)。20m間隔で苗木を植えると、必要な苗木は$1500\div20=75$(本)。余るのは100-75より求める。　(7) $400\div25+1=17$。17本のいちょうが必要。この費用は17×2(万円)になる。　(8) 出発点とゴールを除くので、標識の数は$(1000\div100-1)$より求める。　(9) 立てていた旗の数は、$(600\div50+1)\times2=26$(本)。間隔を縮めた場合の旗の数は$(600\div40+1)\times2=32$(本)。新たに必要な旗は32-26より求める。

7　方程式－つるかめ算・年齢算

課題1　(1) 大人がx人、小人がy人入場したとすると、$x+y=12, 2000x+1000y=18000$の式ができる。これを解いてyを求める。　(2) 大人がx人、

小人がy人入場したとすると、x + y = 165、800x + 300y = 97000の式ができる。これを解いてxを求める。　(3) 50円切手の代金をx円、80円切手の代金をy円とすると、y + x = 1500, y−x = 900の式ができる。これを解くとy = 1200 (円)。80円切手の枚数は、1200 ÷ 80で求める。　(4) 梨の個数をx個とすると、150 (12−x) + 250x = 2600の式ができる。(ただし、(1)〜(3)のようにx, yを用いた連立方程式にしてもよい) これを解いてxを求める。　(5) クッキー1個をx円とすると、ケーキは(x−100)円。5x + 5(x−100) = 4500の式ができる。これを解いてx = 500 (円)。ケーキはこれより100円安い。　(6) 支払った代金は10000−3800 = 6200円。桃をx個買ったとすると1500 (10−x) + 400x = 6200。これを解いてxを求める。

課題2　(1) x年後とすると、3 (4 + x) = 32 + x。これを解いてxを求める。　(2) x年前とすると、46−x = 5{(21−x) + (17−x)}の式ができる。これを解いてxを求める。　(3) x年前とすると、18−x = 4(12−x)の式ができる。これを解いてxを求める。　(4) 現在の母は65−6 = 59歳。x年前とすると、(65−x) + (59−x) = 10 (34−x)の式ができる。これを解いてxを求める。　(5) x年前とすると、67−x = 3(39−x)。これを解いてx = 25。25年前の長女の年齢は39−25より求める。

8　方程式—割合算

課題1　(1) 昨年の新入生数をx人とすると、x × (1 + 0.16) = 377 (人) よりxの値を求める。　(2) 弟の所持金をx円とすると、姉の所持金は(2000−x)円。これより式を立てる。4x + 200 = 2000−x。これを解いてx = 360 (円)。姉の所持金は2000−360 (円)で求める。　(3) 製造コストの60%が原材料費なので、残りのコストは(100−60) = 40 (%)。このうち人件費が40%なので、全体のコストの内、人件費の占める割合は40 (%) × 40 (%)で求める。　(4) 当初の条件において仮に全体のコストを1000円とすると、そのうち人件費は160円。これが50%増加すると240円になる。すると全体のコストは1080円になり、人件費の割合は240 ÷ 1080 (%)になる。　(5) 求める金額をx円とすると、18000 + x = 4(10000−x)。これよりxの値を求める。　(6) (3000 × 4 + 1600 × 6) × (1−0.15)より求める。　(7) (26 × 36 + 18 × 45) ÷ (26 + 18)より求める。　(8) 貯金の金額をx円とすると、0.5x + 50000 = 0.6x−190000。これよりx = 2400000 (円)。自動車の金額は、2400000 × 0.5 + 50000より求める。　(9) x日間食べたとすると、(40000−1000x) × 0.6 = 28000−1000x。これよりxを求める。　(10) 当初の所持金をx円とすると、アクセサリーとワンピースを買って残った金額はx × $(1-\frac{1}{4})$ × $(1-\frac{1}{5})$。これが42000 + 6000 = 48000 (円)になる。これよりxを求める。

9　確率

課題1　(1) 絵札はJ, Q, Kの12枚なので、$\frac{12}{52}$より求める。　(2) サイコロの目は1から6までの6通り。よって6 × 6より求める。　(3) 目の和が10になるのは(4, 6), (5, 5), (6, 4)。　(4) 5枚から2枚取り出す取り出し方は$\frac{5 \times 4}{2 \times 1}$ = 10通り。数の和が3の倍数になるのは、3の場合(1, 2)の1通り。6の場合(1, 5), (2, 4)の2通り。9の場合(4, 5)の1通り。合わせて4通りなので、確率は$\frac{4}{10}$より求める。　(5) 4 × 3 × 2より求める。　(6) 5 × 4 × 3より求める。

課題2　(1) $\frac{3}{7} \times \frac{4}{6}$より求める。　(2) サイコロの目の出方は6 × 6 = 36通り。このうち、$\frac{m}{M}$が整数になるのは、M = 1のときmは1〜6の6通り、M = 2のときm = 2, 4, 6の3通り。M = 3のときm = 3, 6の2通り。M = 4のときm = 4の1通り。M = 5のときm = 5の1通り。M = 6のときm = 6の1通り。これより、6 + 3 + 2 + 1 + 1 + 1 = 14通りある。求める確率は$\frac{14}{36}$ (通り)を約分する。　(3) すべて黒球である確率は$\frac{3}{7} \times \frac{2}{6} = \frac{1}{7}$。少なくとも1球が青球である確率は$1-\frac{1}{7}$より求める。　(4) 4個の球から2個を取り出す取り出し方は$\frac{4 \times 3}{2 \times 1}$ = 6通り。このうち白と緑になるのは1通り。

課題3　(1) A, Bは必ず選ぶので、残り10人から3人を選ぶ選び方は$\frac{10 \times 9 \times 8}{3 \times 2 \times 1}$より求める。　(2) 9枚から2枚を取り出す取り出し方は$\frac{9 \times 8}{2 \times 1}$ = 36 (通り)。このうち和が奇数になるのは、奇数+偶数の場合。奇数5枚と偶数4枚の組み合わせは5 × 4 = 20 (通り)で、求める確率は$\frac{20}{36}$より求める。　(3) 10人から5人を選ぶ選び方は$\frac{10 \times 9 \times 8 \times 7 \times 6}{5 \times 4 \times 3 \times 2 \times 1}$ = 252 (通り)。A, D, Hの3人のうち1人も選ばないのは、残りの7人から5人を選ぶことになり、その選び方は$\frac{7 \times 6 \times 5 \times 4 \times 3}{5 \times 4 \times 3 \times 2 \times 1}$ = 21 (通り)。252−21より求める。　(4) 左から①〜⑤とすると、男子は(①, ③)

または (①, ④) にくる。(①, ③) の場合、男子の並び方は 2×1 の 2 通り。これに対して女子の並び方は 3×2×1 = 6 通りなので、合わせて 2×6 = 12 通りになる。男子が (①, ④) の場合も同様に 12 通りあるので、12 + 12 (通り) より求める。　(5) 山田君が不正解の確率は $1-\frac{1}{2}=\frac{1}{2}$。中村君が不正解の確率は $1-\frac{1}{4}=\frac{3}{4}$。2 人とも不正解の確率は $\frac{1}{2}\times\frac{3}{4}=\frac{3}{8}$。よって少なくとも一方が正解する確率は $1-\frac{3}{8}$ より求める。　(6) 7 枚から 2 枚取り出す取り出し方は 7×6 = 42 (通り)。このうち一の位が偶数は ②, ④, ⑥ の場合で、それぞれに対する十の位の数は 6 通りあるので、偶数のできるのは 3×6 = 18 (通り)。よって求める確率は $\frac{18}{42}$ になる。　(7) 2 の倍数または 3 の倍数は 2, 3, 4, 6, 8, 9, 10, 12, 14, 15 の 10 個。よって求める確率は $\frac{10}{15}$。　(8) 4 枚から 2 枚取り出す取り出し方は $\frac{4\times 3}{2\times 1}=6$ (通り)。このうち積が奇数になるのは (1, 3) の 1 通り。よって積が偶数になるのは $\frac{6-1}{6}$ になる。　(9) 2 回投げてもとへ戻る場合は、(1, 6) → (2, 3, 4, 5) または (2, 3, 4, 5) → (1, 6) のいずれかである。よって求める確率は $\frac{2}{6}\times\frac{4}{6}+\frac{4}{6}\times\frac{2}{6}=\frac{16}{36}$ になる。　(10) 4 回投げてもとに戻るには、4 回のうち 2 回偶数、2 回奇数でなければならない。その起こる場合は (偶偶奇奇), (偶奇偶奇), (偶奇奇偶), (奇偶奇偶), (奇偶偶奇), (奇奇偶偶) の 6 通りあり、(偶偶奇奇) である確率は $\frac{1}{2}\times\frac{1}{2}\times\frac{1}{2}\times\frac{1}{2}=\frac{1}{16}$。他も同じ確率なので求める確率は $\frac{1}{16}\times 6$ になる。

10　命題

課題1　(1) ① 命題の X と Y が入れ替わっている。② 命題の X と Y をそれぞれ否定している。③ 命題の X と Y を入れ替えて否定している。(2)「逆」と「裏」は常に正しいとは言えない。　(3) ① 桜→植物を命題とする。桜と植物を引っくり返すと「逆」になる。植物→桜がこれにあたる。桜と植物はそのままの順で、双方を否定すると「裏」になる。桜→植物と表す。「対偶」は、命題を引っくり返して双方を否定する。$\overline{植物}$→$\overline{桜}$になる。② 命題は国語→数学と表せる。「逆」は命題を引っくり返すので数学→国語。「裏」は、命題と同じ順で肯定と否定を逆にする。$\overline{国語}$=$\overline{数学}$。「対偶」は、命題の順を引っくり返して、肯定と否定を逆にする。数学→国語。　(4) ① 海が好きな人＝海が嫌いでない人、山が嫌い＝山が好きではないと考える。② コック→スープの対偶をとる。$\overline{スープ}$→$\overline{コック}$になる。③ 読書→スポーツの対偶をとる。$\overline{スポーツ}$→$\overline{読書}$になる。
課題2　(1) ① 三段論法で考える。馬→哺乳類、哺乳類→動物なので馬は何といえるか。② 赤キノコ→毒キノコ,毒キノコ→食べられないから言えることは？　③ サッカー好き→野球好きでない、野球好きでない→水泳好き。ではサッカー好きは水泳は？　(2) 自然→森、森→木より、自然が好きな人は何が好きと言えるか。
課題3　(1) 肉→野菜が命題。対偶は$\overline{野菜}$→$\overline{肉}$。「野菜が好き」＝「野菜が嫌いでない」と考える。　(2) ①より自動車→自転車が命題、対偶は自転車→$\overline{自動車}$。②より自動車→定期券が命題、対偶は$\overline{定期券}$→$\overline{自動車}$。①の対偶と②の命題より、$\overline{自転車}$→$\overline{自動車}$→定期券となる。　(3) サッカー上手→ソフトボール好きが命題。対偶をとると、$\overline{ソフトボール好き}$→$\overline{サッカー上手}$になる。これに合致するのは？　(4) 読書→音楽の対偶は$\overline{音楽}$→$\overline{読書}$になる。これに合致するのは？

11　ブラックボックス

課題1　(1) P 装置は入力した数値を 2 倍して 4 を加える。Q 装置は入力した数値を 3 倍して 1 を加える。7×2 + 4 = 18 (P の出力値)。18×3 + 1 = 55 (Q の出力値)。　(2) ア最初の P 装置では 3 を出力する。Q 装置では 2 を出力する。次の P 装置からは 3 を出力する。イ最初の P 装置では 1 を出力する。Q 装置では 3 を出力する。次の P 装置では 3 を出力する。ウ最初の P 装置では−1 を出力する。Q 装置では−3 を出力する。次の P 装置では−1 を出力する。よってアとイの最終出力値が 3 になる。
課題2　(1) ア最初の Q 装置では (0, 1) を入力すると 0 を出力する。P 装置では (1, 0) を入力すると 1 を出力する。二度目の P 装置には (0, 1) を入力するので 1 を出力する。最後の R 装置には 1 を入力するので出力値は 0。イ最初の Q 装置では (1, 1) を入力すると 1 を出力する。P 装置では (0, 1) を入力すると 1 を出力する。二度目の P 装置には (1, 1) を入力するので 1 を出力する。最後の R 装置には 1 を入力するので出力値は 0。ウ最初の Q 装置では (1, 0) を入力すると 0 を出力する。P 装置では (0, 0) を入力すると 0 を出力する。二度目の P 装置には (0, 0) を入力するので 0 を出力する。最後の R 装置には 0 を入力するので出力値は 1。　(2) P 装置は入力した数値の和、Q 装置は入力した数値の積を出力する。R 装置は $X_1 \div X_2$ の数値を出力する。(2, 2) を入力すると、P 装置では 4、Q 装置では 4、R 装置では 1 が出力される。

12　フローチャート

課題1　（1）安藤…英語Y，パソコンN→イに入る。石井…英語N，パソコンN→ウに入る。宇部…英語Y，パソコンY，コミュニケーションN→イに入る。　（2）アから右に出る→が「現金を用意する」を指しているので、アでは「航空券を購入する」にあたって、金額の条件を充足しなかったと考える。

課題2　（1）P地点は、（100÷11）回通る。　（2）アは、N＞300の条件を充たした場合の、定価の2割引で販売する個数を表しているので、N－300が入る。イは、販売する個数が100個未満の場合の販売個数を表すので、Nが入る。

13　グラフと領域

課題1　（1）$y = 2x + 3$のグラフは直線，右上り，y軸の3を通る。　（2）アはグラフの「左・右」がそれぞれ逆。イは、必ず原点を通るとはいえない。ウは、「上・下」がそれぞれ逆。エとオは正しい。

課題2　（1）y＞〜の場合は与えられたグラフの上側の領域。　（2）y＜〜の場合は与えられたグラフの下側の領域。またx＜〜の場合は、y軸の左側の領域。

課題3　（1）放物線より下、直線より上の領域。　（2）①②は放物線の上、直線の下の領域。

課題4　（1）放物線より上、直線$y = x + 3$より上、$y = 3$より上にあるのは⑤だけ。　（2）⑨は放物線より下、直線$y = x + 3$より下、$y = 3$より上にある。

14　経路

課題1　（1）100×0.3で求める。　（2）x%は$\frac{x}{100}$のこと。$100 \times \frac{x}{100}$で求める。　（3）全体Qのうちaの比率になる。　（4）全体Qのうち$a \times b$の比率になる。　（5）全体Qのうちaの比率＋全体Rのうちbの比率。　（6）全体Qのうち$a \times b$の比率＋全体Sのうちcの比率。　（7）直前の大文字×直前の小文字より、cQ＋dRと表す。このほかacP＋bdPと表すこともできる。イのように全体を表す大文字どうしの積になることはない。　（8）出発点Qの$a \times b \times c$の比率になる。　（9）Pを出発点とするルートはacP、Qを出発点とするルートはbcQで、この和になる。　（10）アはbcQ＋deQ＋acPと展開できるので正しい。イはcRが反映されていない。ウは出発点であるQとRを加えているので正しくない。大文字どうしの和差積商を求めることはない。エは直前の2つのルートを網羅しているので正しい。オは誤り。

課題2　（1）$100 \times 40（\%）+ 200 \times 60（\%）$で求める。　（2）I イだけが誤り。II $100 \times 70\% \times 60\% = 42$人，$150 \times 50\% = 75$人。この和を求める。

15　資料解釈

課題1　実際には上2けたなどの概算で計算をすればよい。　（1）人口密度は、人口÷面積で求める。たとえばP市の人口密度は838（千人）÷149（km²）＝5624（人／km²）以下順にQ市6565（人／km²）、R市9833（人／km²）、S市3605（人／km²）、T市3371（人／km²）、U市8262（人／km²）。　（2）面積は、人口÷人口密度で求める。122000÷180＝677.7（km²）これに最も近い値を探す。　（3）人口1000人当たり4.9人なので、（11000000÷1000）×4.9より求める。　（4）2500（万人）÷0.24＝10416（万人）。12800－10416（万人）より求める。

課題2　（1）面積は人口÷人口密度で求める。愛媛は1444（千人）÷254＝5669（km²）、高知は773（千人）÷109＝7091（km²）、香川は1003（千人）÷534＝1878（km²）、徳島は794（千人）÷192＝4135（km²）。　（2）四県の工業出荷額の合計は85448（億円）。わが国全体では8兆5448億÷0.022より求める。

課題3　（1）数学7点の場合は英語8点以上6人、数学8点の場合は英語7点以上9人、数学9点の場合は英語6点以上14人、数学10点の場合は英語5点以上6人がいる。これより求める。　（2）$2x + y = 20$を満たす整数は$(5, 10)$，$(6, 8)$，$(7, 6)$，$(8, 4)$，$(9, 2)$，$(10, 0)$〔ただしここでは（9，

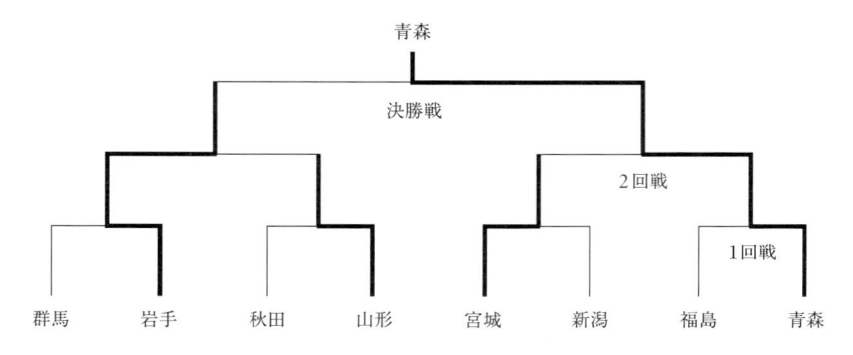

2), (10, 0)は存在しない]。これを表より求める。

課題4 (1) 英語と数学がそれぞれ (5, 3), (4, 2), (3, 1), (2, 0), (3, 5), (2, 4), (1, 3), (0, 2) の生徒数を表より求めて合計をする。 (2) $(1 \times 1 + 2 \times 1 + 3 \times 5 + 4 \times 3 + 5 \times 2) \div (1 + 1 + 5 + 3 + 2)$ より求める。 (3) 数学・英語の順に (2, 1), (3, 0), (3, 1), (3, 2), (4, 2), (4, 3), (5, 3), (5, 4) の生徒を表より求める。$1 + 1 + 4 + 4 + 3 + 4 + 1 + 2 = 20$(人)。これを全体の人数50人で割って求める。

16　推論

課題1 (1) 条件から表1のように書きこむ。次に、安藤がメロンを食べると仮定すると、メロンを食べた2人は安藤と宇部になる。安藤と少なくとも1つが共通する石井は、プリンを選ぶことになる。するとパフェを食べたのは宇部と江口になる。しかしこれは条件ウに反する。石井がメロンを選んだ場合も、安藤・石井がバナナを選んだとして、同様に条件に合わないので、安藤と石井は、メロンとバナナは選ばなかった。ここまでで表2ができる。表はすべて埋められないが、下表によって「岡本はメロンを食べた」といえる。 (2) 安藤・石井がいる階と、営業部の配置については、図1および図2の2通りが考えられる。しかし、図2では、宇部と江口がいる階について矛盾が生じる。江口が1階だとすれば、宇部は4階になり、これでは安藤と同じ階になり、また江口が2階または3階の場合は、宇部が営業部で石井と同じ所属になる。また宇部を8階と仮定すると、江口は5階で営業部となるので石井と同じ所属になる。したがって、図1のように、営業部は6, 7, 8階でなければならない。このとき、宇部・江口に関しては、宇部が5階、江口が2階しかありえず、5階の宇部が4階の安藤と異なる部であるためには、5階は1つの階だけ使用する総務部でなければならない。すると、1, 2階は編集部、3, 4階が企画部になり、図3のように確定する。

課題2 (1) 石井をもとにして考える。石井以外の席に①〜⑤の番号をつけて考える。安藤と宇部は向かい合っており、岡本と川上は隣同士であることから、安藤と宇部は①, ④には入らない。(もし安藤と宇部が①, ④に入ると岡本と川上が隣同士になれない) 石井の向かいである③にも安藤と宇部は入らない。したがって安藤と宇部は②・⑤に入り、岡本と川上は③, ④に入る。よって石井の隣には江口が座る。 (2) 問題文と分かっていることをもとにして次の表ができる。

表1

	メロン	バナナ	プリン	まんじゅう	パフェ
安藤			○ア		
石井				○イ	
宇部	○ウ	×ウ			
江口	×ウ	○エ			
岡本	○	○	×	×	×オ

表2

	メロン	バナナ	プリン	まんじゅう	パフェ
安藤	×	×	○ア		
石井	×	×		○イ	
宇部	○ウ	×ウ			
江口	×ウ	○エ			
岡本	○	○	×	×	×オ

図1

8	営業	
7	営業	石井
6	営業	
5		
4		安藤
3		
2		
1		

図2

8	総務	
7	営業	石井
6	営業	
5	営業	
4		安藤
3		
2		
1		

図3

8	営業	
7	営業	石井
6	営業	
5	総務	宇部
4	企画	安藤
3	企画	
2	編集	江口
1	編集	

17 物理問題

課題1 (1) 1(A)×10(Ω)より求める。　(2) 80(V)÷5(A)=16(Ω)。抵抗Bは16-10より求める。

課題2 (1) $\frac{1}{8}+\frac{1}{12}=\frac{10}{48}$。この逆数を求める。　(2) $\frac{1}{120}+\frac{1}{180}=\frac{5}{360}$。この逆数は72。$\frac{1}{72}+\frac{1}{36}=\frac{3}{72}=\frac{1}{24}$。この逆数24Ωが抵抗A～Cの合成抵抗。流れる電流は120÷24より求める。

課題3 (1) 図では定滑車1個，動滑車3個が使用されている。定滑車は、引き上げる力は物体の重さと同じなので無視する。動滑車は、1個につき物体の重さの$\frac{1}{2}$の力で引き上げることができるので、3個では、$\frac{1}{2}\times\frac{1}{2}\times\frac{1}{2}=\frac{1}{8}$。これより200×$\frac{1}{8}$で、物体を引き上げる力を求める。　(2) 図では定滑車2個，動滑車2個が使用されている。定滑車は、引き上げる力は物体の重さと同じなので無視する。動滑車は、1個につき、物体の重さの$\frac{1}{2}$の引き上げる力が必要。ここでは動滑車2個なので$\frac{1}{2}\times\frac{1}{2}=\frac{1}{4}$。物体の重さは100÷$\frac{1}{4}$の式で求める。

課題4 (1) 与えられた公式に分かっている数値を代入する。$30\times5-\frac{1}{2}10\times5^2$より求める。　(2) 同様に与えられた式に2つの数値を代入してhを求める。$\frac{1}{2}\times10\times6^2$より求める。

18 2語の関係

課題1 (1) ぶどうは植物の一種。　(2) ワインはぶどうから作る。　(3) ノブはドアの一部。　(4) 白菜はキムチの主原料。　(5) 東北地方は本州の一部。　(6) 警察官は公務員の一種。　(7) チョークは板書に使う。　(8) チョークは石灰石から作る。　(9) はさみは切断に使う。　(10) 大学は教育機関の一種。　(11) 寒天はテングサから作る。　(12) たんすを使って収納する。　(13) たなばたは年中行事の一種。　(14) 国語は科目の一種。　(15) 大豆は農作物の一種。　(16) レンズはメガネの一部。　(17) 徒歩は移動手段の一種。　(18) らくだは哺乳類の一種。　(19) 大工は建築をすることが本業。　(20) コックは調理をする。

課題2 (1) 「一種とみれば」に着目。　(2) タイヤは自動車の一部である。　(3) 「～から作られる」とある。

課題3 (1) 「海藻」は、胞子植物で海中の藻類。「海草」(種子植物)との混同に注意。　(2) ボールを使って競うスポーツ。　(3) あることを行うのに必要な条件。　(4) 県の行政事務を扱う中心役所のある都市。　(5) 他者とコミュニケーションをとるための方法やツール。　(6) 製本された本のこと。　(7) 和風料理といわれるもの。　(8) 室内などの気温を上げる装置。　(9) 地球上の六つの大きな大陸。　(10) 天気のこと。

課題4 それぞれ、複数の原料を混合して作られるが、「主な原料」とあることに注意して答える。食品では、大豆を主原料にするものは味噌、きなこ、とうふなどがある。　(7)のゼラチンは、ゼリー状の食品や接着剤にも使用する。

課題5 (1) (例)は用途の関係で自転車→移動。アは同種のもの。イは包含の関係。ウは用途の関係でメジャー→採寸。　(2) (例)は原料の関係で、パルプ→紙。アは原料の関係で、トマト→ケチャップ。イとウは包含の関係。　(3) (例)は部分の関係で、接眼レンズ<顕微鏡。アは包含の関係。イは部分の関係でキーボード<パソコン。ウは部分の関係で、押入れ<住宅。　(4) (例)は包含の関係で哺乳類>キリン。アは包含の関係で楽器>トランペット。イは包含の関係で時代劇<映画。ウは部分の関係。　(5) (例)は仕事の関係で、宣教師→布教。アは包含の関係。棟梁は大工の親方のこと。イは仕事の関係で庭師→造園。ウは用途の関係。　(6) (例)は原料の関係でパン→小麦粉。アは原料の関係でワイン←ぶどう。イは原料の関係で粘土→かわら。ウは同種の関係。　(7) (例)は部分の関係で、鼻<顔。アは用途の関係。イは部分の関係で秒針<目覚まし時計。ウは部分の関係で音楽室<学校。　(8) (例)は用途の関係で、アンテナ→受信。アは用途の関係で、貯水←ダム。イは特に関係性はない(しいていえば部分の関係)。ウは用途の関係で、辞書→勉強。　(9) (例)は包含の関係で、石炭<鉱物資源。アは包含の関係で公共施設>図書館。イは包含の関係で消防署員<公務員。ウは包含の関係でそらまめ<豆類。

19 語句の意味・多義語

課題1 (1) Aは自らをかえりみること。Bははぶいて簡単にすること。Cは一部を取り除いて簡単にすること。Dは現地や現場に行き実際の

状況を確認すること。Eは敵の動静などを密かに探ること。　(2) Aは将来を決定づけるような重大な場面。Bは回り道をすること。Cは① 狭くて通行困難な道 ② 物事を進める上で妨げになるものや条件など。Dは度量が広くて些細なことにこだわらない性質。Eは他人の心をおしはかること。　(3) Aは物事のはじまり。Bは天と地、また陽と陰。Cは知力や勇気などに優れた人物。D白い羽根の矢。一般に「白羽の矢が立つ」と用いて、多くの中から特に選ばれること。Eは人を率いてその長となる人物。　(4) Aは他国の国籍を得て、その国の国民になること。Bは個々の事例から、一般に通用する原理や原則を導くこと。Cは抵抗や反逆をやめて服従すること。Dは一つの事象に見られることを他に広めること。また一般的な理論を個々の特殊な事象に適用すること。Eは説明または通俗小説。

課題2　(1) Aは平穏無事であること。Bはやむをえないこと。Cはそうあってはならない、はしたないこと。Dは服装や髪が乱れていてだらしないこと。またうちとけた感じでくつろいでいること。Eはやかましいこと。　(2) Aは控え目で従順であること。Bはどうにも仕方のないこと。Cは幼いこと。Dは悲しさや恋しさで胸が締めつけられるようでやりきれないこと。Eは、ふさわしいこと。

課題3　(1)「奇禍に遭う」などと用い、思いがけない災難のこと。　(2)「そこう」と読み、「渓流を遡行する」などと用いる。下流から上流にさか上ること。　(3)「ひじゅん」と読み、「条約を批准する」などと用いる。条約についての、当事国の最終的な確認のこと。　(4)「見込みのない作家に引導を渡す」などと用い、あきらめさせるための最終宣告をすること。　(5)「口にするのもおぞましい事件」などと用い、いかにもぞっとして、いとわしいこと。　(6)「うらぶれた生活に身をやつす」などと用い、不幸な事件に出会ったりして、みすぼらしくなること。　(7)「上司の尊大な態度にはうんざりだ」などと用いて、人を見下すような態度のこと。

課題4　(1) あきらめて途中でやめる、放棄する意味。AとCは相手を転ばせること。Bはある方向に向けること。Dは物体を遠くへ飛ばすこと。Eはあきらめること。　(2) 心に苦痛を感じ精神的にダメージを受けること。Aは肉体に痛みや苦しみを感じること。Bは弱点を攻撃されること。Cは精神的苦痛を感じること。Dは損害などをこうむって閉口すること。Eは「痛しかゆし」の慣用句で、二つの方法のどちらをとってもぐあいが悪く、どうしたらよいか迷うこと。また、ぐあいのよい面もあれば悪い面もあって、困ること。　(3) 物事の決まりをつけたり処理すること。Aは普通より位置を下げること。Bは視線を注ぐこと。Cは試合に負けること。Dは持っているものを失うこと。Eは処理すること。　(4) 物事の起こる原因となるもの。Aは裏に隠された仕掛けのこと。Bは料理の材料。Cは植物が発芽するもとになるもの。Dは血統を伝えるもの。Eは原因のこと。　(5) 移動手段のこと。Aは移動手段のこと。Bは身体の一部。Cは「足を洗う」の慣用句で良くないことをやめること。Dは「足が出る」の慣用句で予算よりも出費が多くなること。Eは「足を踏み入れる」の慣用句で未知の場所や分野に入りこむこと。

課題5　(1) 内容の矛盾する二つのことがらをつなぐ逆接の働き。Aはある状態のまま。BとCは同時。Dは全部。Eは逆接。　(2) 二つの矛盾した内容をつなぐ逆接の働き。Aは逆接。それ以外は「~もの・ことに」の意味。　(3)「~で」と置き換えることができる同格の用法。Aは準体格。Bは連体修飾格。CとDは主格。Eは同格。

課題6　(1)「いかにも~の様子だ」という意味の様態の用法。Bは様態、その他は伝聞。　(2)「ぬ」と置き換えることができない独立した形容詞。AとB・Dは打消の助動詞、Cは形容詞の一部、Eは形容詞。

20　同意語・反意語

課題1　(1) 不十分で足りないところ。　(2) 親しく交際する友人。Aは世代が同じ人。　(3) 自分が生まれた国のことで、祖国・母国ともいう。　(4) 世間によく名が知られていること。　(5) 物事や考え方のおおもとになるところ。「根底からやり直す」などと用いる。　(6) 一般原則の適用を受けないこと。　(7) 目的を果たすこと。　(8) つじつまが合わないこと。　(9) 互いににらみ合う状態にあり、仲が悪いこと。　(10) ことさら悪い点を取り上げて非難すること。　(11) 分量や程度がごく少ない様子。

課題2　(1) 構成する要素に分けて解明すること。　(2) かわいがって庇護すること。　(3) 成分がこくてこってりしているさま。　(4) 落としたり置き忘れたりして金品をうしなうこと。　(5) 他人に知られないようにすること。　(6) 直角（90度）より大きく、2直角（180度）より小さい角。　(7) 勉強や仕事などに一生懸命に励むこと。　(8) 権威や権力に従わず逆らうこと。　(9) 感情などを隠さずそのまま外に表すこと。　(10) 盛んだったものが衰え、さびれること。　(11) 物の表面がなめらかで、つやがあること。

21　長文読解

課題1　(1) ウは「ある政策をとって決められる部分とそうでない部分がある」、「言語はある程度は人間が手を加えることができる」などとあるので合致。アは「まったく自由に加工できるものでもない」ので誤り。イは本文中に述べていない。　(2) 操作可能な例として「例えば、日本語の場合だと漢字の字体を改める」があげられている。アとウは、話題になったものであり、操作できるものではない。　(3) アは「若者自身が、『日本語が乱れている』と考えている」とある。ウは「言語は常に変化する」ことに合致。イは、乱している主体については述べていない。　(4) アは「ずいぶん昔からされていた」に合致。イとウは話題にない。　(5)「今使われている日本語が未来永劫このままの状態を保つとは、さすがに誰も考えていない」とあることから考える。

課題2　(1)「私は作品を書く場合には、一つ進歩した作品を書けば、必ず一つは前へ戻って退歩した作品を書いてみる習慣をとっている」とあるので「私」は合致する。「秋野孝道氏の禅の講話というのをふと見ていると、…真の向上とはいいがたいという所に接し」とあるので、秋野氏も合致する。トルストイは、「進歩」や「退歩」を話題にしていない。　(2)「観察したことのために相手が変化をしてしまう」とあることからイは適切。アのように、作品の根幹になるとは述べていない。またウは、「観察をすると有効な場合はある」とあるが限定的で、一般に観察が自然な姿を見るにあたって有効かどうかは断定していないので、適切とはいえない。　(3) アは「私たちにしても作者の顔や過去を知っているときは、もうその作家の作物に対して殆ど大部分正確な批判は下せていない」とあり、正確な批判のためには、その作家と個人的な関わりがないことを条件にあげているので適切。イは、田舎にいるとは、世間の人々によく知られていないことの象徴であるが、それが条件とはされていないので、適切とはいえない。ウは、批判と文壇を動かす力があることとは、とくに関連性はない。　(4) アの「他の作家への影響」については、話題にされていない。イのバルザックと身辺小説とは、別の話題であり、両者に特に関連性はない。ウは「私にとっての困難はやはり身辺小説だとは思えない」とあるので適切。　(5) Aは「退歩こそ生き方の核心である」とは述べていない。Bは「大天才を昔から掘り起して来たところが、やはり書けない部分がそこにひそんでいる」とあるが、それが「その人の真実の性質」を指しているわけではない。Cは「田舎にいてまだ人に知られていない作者で、よく文壇を動かすことのあるとき」とあるので適切ではない。Dは「作品の上では、成功というような結構なものはありはしないと思っている」とあるので適切。Eは話題にされていない。

22　志望理由　【記入アドバイス】

課題1　(1) あなたと志望業種との関連を考えてください。単なる思いつきや、あこがれだけでは説得力がありません。あなたが大学で専攻していること、主として研究していることなどと関連のある業種であれば納得されやすいものですが、そうでなければ、あなたのこれまでの体験など、その業種と具体的に結ぶことのできることがらをアピールをする必要があります。また研究テーマと関連がある場合でも、その業界において、どんな分野にどのような力を発揮していきたいのか、なるべく具体的にイメージできるものに作り上げることが必要です。理由は「私が大学で主として研究したのは、風車の回転時の音をできるだけ小さくすることです。この技術を活かして、デジタルカメラ撮影時のモーター音を小さくし、小動物などを撮影する場合、よりタイミングよく、かつ繰り返しが可能なものにできます。この分野の仕事を通して、さまざまな研究観察の仕事、また環境問題に貢献したいと思います」などとまとめるとよいでしょう。　(2) 志望理由のポイントになる項目です。しっかりした自己分析のもとに、自分の適性をよく見極めて書いてください。その前に、「営業」「研究」「開発」「経理」「販売」「仕入」などの仕事が、実際にはどのようなものか、詳しく調べる必要があります。単にイメージだけでなく、現実をよくリサーチすることが大切です。大学の先輩や家族知人などの社会人によく話を聞くことも効果的です。そのうえで、単に書類上という意識ではなく、実際の希望を書いてください。理由は、自分のスキルや得意なことと結びつけて説得力のあるものにするとよいでしょう。　(3) どんな問題を解決したいか、そのために自分には何ができるのかを考えてください。たとえば、現在の全世界共通の課題として、環境問題、食糧問題、人口問題などがあげられます。その中の一つを取り上げて、根本的な原因はどこにあるか、一人一人がどんなことを心がけて生活するべきか、そして社会人として、どのような取り組みが要求されるのかを考えてみましょう。解決策は、たとえば環境問題を一挙にすべて好転させるという画期的なものを考える必要はありません。身近で、少し努力すればほんの少し好転する、という実現可能な範囲で十分です。そうしたことの積み重ねが大きなパワーになります。　(4) 運転免許や英検など、一般的なものでもよいのですが、それ以上に、あなたの個性を表現できる資格や、公的資格でなくてもあなた自身が自己推薦できる特技などがあれば効果的です。ただし、あくまでも就職用書類であることを忘れてはいけません。この欄に限らずどの項目も、誠意を持って社会人にふさわしい回答をすることは絶対条件です。　(5) モットーと、それにまつわる（それを裏付ける）エピソードによって構成するとよいでしょう。「自分の自慢話になってし

まう」と感じることがらでもよいでしょう。もともとエントリーシートは、自分を有利にするために、自慢を書くものでもあります。ただし、実際にあなたがモットーにしていることに限定して書いてください。　(6)「目標は必ずやり遂げる」「他者への思いやりがある」など、実行力やコミュニケーション力などに関連させて考えるとよいでしょう。　(7) 具体的な会社名と、その会社についてあなたが把握している業務内容や同業他社と比較した特徴などを書き添えるとよいでしょう。　(8) 社会的な貢献度や、どのような製品によって人々に受け入れられているか、その企業の特徴をよく調べて書きましょう。また今後どんなことをするとよいか、あなたらしい提案を具体的に考えてください。　(9) 自分とその会社とのマッチングを中心に、その会社で働きたい理由を合理的な範囲でまとめることが大切です。「自分を知り、相手を知る」。これが基本になります。大学での研究・勉強分野とその内容を丁寧に分析し、それが会社にどのように役立つのか、相手（会社）の実情も踏まえた志望理由が求められます。単に書類の形式的なものではなく、就職活動全体のモチベーションを高める契機にもなります。

23　自己PR・学生生活　【記入アドバイス】

課題1　(1) 自己分析をしっかりすることが目的です。過大評価をせず、過小評価もせず、客観的で妥当な判断ができることも大切です。自分の長所と短所を見きわめることにも役立てましょう。それぞれの項目について、たとえば1の「誠実な性格である」については、「借りたものは必ず期限には返す」「他人が見ているかどうかにかかわらず、間違ったことはしない」など、具体的な日常の行動を思いうかべてみましょう。　(2) 就職活動においては、長所を伸ばすことも大切であり、短所を改めたり補強したりすることも大切です。ここでは、長所を洗い出して、もっと伸ばせることは何かを考えてみましょう。オールマイティな性格や能力の持ち主も必要とされますが、その一方である面に優れた個性的人材も必要とされる時代です。就職活動に際して、ある点を強調して売り込むことができるかどうか、しっかり自己分析をしてみましょう。　(3) あまり簡潔に書きすぎると、読む人にはエピソードのイメージをつかむことができません。またあまり詳しく書きすぎると、冗長になる恐れがあります。的確に要領よくまとめつつ課題に答える工夫をして書くことが大切です。決して、投げやりな態度を表してはいけません。　(4) あなたの長所をビジネスで活用するとすれば、どんな場面なのか、具体的に想像してみましょう。あくまでも想像なので、自由に書くことが大切です。　(5) 自分の日常をふりかえって、自己PRできる材料をできるだけ多く探してみましょう。　(6) 特別なもの、たとえばスポーツで全国大会に出場した、音楽コンクールで金賞を受賞した、などの輝かしい成果のある人は、その成果を具体的に書き、そこに至るまでの努力の過程や、そのことがらに打ち込むことになった動機、きっかけなど、また苦心した点や、自分なりに工夫したことなどを書いてみましょう。そのような「輝かしい」履歴がない場合でも、身近なことがらで「達成」したことはだれにでもあるはずです。たとえば、日記を1年間続けて書いた、自分で部屋の壁の塗り替えができた、町内の子ども会のおまつりを企画して実行した、自転車で□□地方を一周した、好きな作家の全集を全巻読破したなど、あなたの個性を表現できるものはきっと見つかります。これらは自分の経験として持つだけでなく、あなたをアピールするとても貴重なネタとして活かしましょう。　(7) 自分のキャッチフレーズを作ることは、他者に対する売り込みコピーでもありますが、考え方や行動の規範・指針として自分自身も常に意識することで、より充実した生活を送ることにもなります。　(8) エントリーシートにおいて避けることは、抽象的な項目を次々と列挙することです。あれもこれもと欲張りたくなりますが、たくさんあげると、読み手の印象が弱くなります。最も自信を持ってアピールできる項目を強く前面に打ち出すとよいでしょう。

課題2　(1) 具体的にわかりやすく書くことが大切です。　(2)「親戚の年配者」とは、たとえば75歳の祖父の弟、などを思い浮かべて、その人に説明するつもりで書きます。難しい専門的な用語を使わずに、自分の専攻内容を説明することは、就職活動では重要なことです。エントリーシートを読む人や、面接をする人は、あなたの専攻分野についての知識を持っていないと考えられます。　(3) あなたの興味や関心の対象、またそれらの持つ社会的意義などと結びつけて書いてください。　(4) 介護施設の訪問、町内の清掃、子どもたちとの交流などの体験を書き、そこから得たことを添えてください。　(5) 志望する職種と関連する資格などを調べて、それを取得することにどんなメリットがあるのかを考えておきましょう。ただ、資格があるというだけでは、それが直接仕事の成果をアップさせることはほとんどないと考えてよいでしょう。あくまでも、ある一定の仕事ができる土俵に上がれるものであり、資格があること自体はそれほどのアピールではないといえます。　(6) 実際の活動状況を書きます。「副キャプテン」「サブリーダー」などの地位は、かえってマイナス評価にされるケースもあるので、慎重に判断します。それよりも、実質的な活動内容を、それをやっている人にしかわからないことを交えて書くと印象に残ります。　(7) あなたの一面を知るうえでは大切な項目です。単に「読書」などと書くのは逆効果です。常に相手が具体的なイメージを持てるように配慮して書いてください。　(8) 項目とともに、それを裏付ける実際の出来事などを書き添えるとよいでしょう。　(9)「たばこ」や「授業中のメール」などは、実際にそうであっても、あえて告白する必要はありません。「なるほど」と共感を得られそうな項目を考えてみましょう。　(10) プラスは、社会のさまざまなシステムを知ることができ、ビジネスモードに入れること、就職活動を通して自分を徹底的に見つめることなどがあげられます。またマイナスは、大幅に時間をとられて、専

門の研究時間が減少することなどが考えられます。　　(11) 自然災害で被災した人や地域へのボランティア活動などの社会的なことや、環境問題で論文を発表したことなど、これまでの大学生活を個人的なことに加えて社会的な範囲にまで広げて振り返ってみましょう。　　(12) 専攻とする分野の研究や勉強が主要なネタになります。それがこれからの仕事にどう結び付くのか、実際の研究内容でも、または方法論などの視点からでもよいので考えてみましょう。

付録　エントリーシート提出 直前チェック表

✔をつけて確認しましょう。

1　内容のチェック

- ☐　簡潔でわかりやすい文章で書いているか。
- ☐　質問の趣旨に合った回答をしているか。
- ☐　具体的なイメージが浮かぶ内容であるか。
- ☐　参考書などの文章をそのまま引用していないか。
- ☐　自分の個性をしっかり伝えているか。

2　書き終わった後のチェック

- ☐　ぱっと見て、読みやすくきれいに書けているか。
- ☐　筆記用具は適切か。
- ☐　修正液などを使っていないか。
- ☐　すべての回答欄を埋めているか。
- ☐　文体（常体・敬体など）が統一されているか。
- ☐　誤字脱字がないか。ウエブエントリーの場合は、プリントアウトして読み直したか。
- ☐　ウエブエントリーの場合、文字化けする可能性のある文字を使っていないか。
- ☐　記入した内容について面接で答えられるように、コピー（控え）をとっているか。

3　出す直前のチェック

- ☐　何社も並行して書いている場合、他社の資料を封入していないか。
- ☐　しめきり期限に間に合っているか。
- ☐　写真を貼る場合、裏面に氏名などを書いているか。
- ☐　提出書類に折り目をつけていないか。
- ☐　あて名に「御中」をつけ忘れていないか。
- ☐　同封する書類はそろっているか。
- ☐　封筒に切手が貼ってあるか。
- ☐　自分の住所・氏名を書き忘れていないか。

所属 _____　　　　　　　_____ 年 _____ 月 _____ 日
番号 _____　氏名 _____

| スキルアップ編　第14章 | 堅実なレポートの書き方2 |

⑨ どんな記号を使っていますか。また使っていない記号にはどんなものがありますか。

使っている記号 _____

使っていない記号 _____

⑩ 文中でフォントを変えたり下線を引いたりしていますか。しているとすれば、それはどのような部分ですか。

文中でフォントを変えている部分がありますか　　　ある　・　ない

どのような部分ですか _____

文中で下線を引いている部分がありますか　　　ある　・　ない

どのような部分ですか _____

終わったら 📖 58ページへ

【課題2】

【課題1】で分析した論文について、文献を引用する際、どのように引用しているか、全てのパターンを調べ、(例)にならってその部分を書き出してください。※レポートや卒業論文を書く時には、このパターンを真似て引用すればよいのです。

(例)　柄沢（2009：67）は「×××」と述べている。

終わったら 📖 59ページへ

所属 ＿＿＿＿＿＿＿＿＿＿＿＿＿＿＿＿＿＿＿＿＿＿＿＿＿＿＿＿　＿＿年＿＿月＿＿日

番号 ＿＿＿＿＿＿＿　氏名 ＿＿＿＿＿＿＿＿＿＿＿

基礎ドリル［7］　記号の使い方

A　適切な位置に読点（、）または句点（。）をつけてください。

［1］兄は野球が好きで弟はサッカーが好きだ。

［2］私は車に乗って遠ざかる彼女を追いかけた。（※車に乗っているのは彼女）

［3］空欄に
　　　・住所
　　　・氏名
　　　・連絡先
　　を記入してください

B　適切な位置にかぎかっこ「　」をつけてください。

［1］犬は桃太郎にお腰につけたきびだんごを1つくださいと言いました。

［2］いわゆる負け犬という言葉は、あるベストセラーから流行した言葉である。

C　かぎかっこ「　」を二重かぎかっこ『　』に直してください。

［1］木村一郎1997「唱歌におけるスコットランド民謡の影響」「近代歌詞探究」1巻3号,日本近代歌詞調査学会, pp.23-47　※これは架空の研究です。学会名なども架空のものです。

［2］「春が来ると「春はあけぼの」という一節を思い出す」という文で始まる文章を読んだことがある。

D　間違いを直してください。

［1］国際大会々場

［2］民主々義

［3］この文献には『漢字の使用については「常用漢字表」によるものとする』という記述がある。

解説は77ページ

所属 _____　　　　　　　　　　_____ 年 _____ 月 _____ 日
番号 _____　氏名 _____

スキルアップ編　第15章 ▷ 卒業論文に向けて

15
Japanese Expressions

【課題1】
卒業論文の研究計画表を完成させてみましょう。
※計画のイメージをつかむための課題です。仮で構わないので、具体的な日時を入れてください。

卒 業 論 文 研 究 計 画 表

締切： _____ 年 _____ 月 _____ 日（　）_____ 時 _____ 分まで　提出場所： _____

_____ 年 _____ 月 _____ 日　指導教員に入門書の相談に行く。

自分で調べた入門書（タイトル・著者名・出版年・出版社を書く）
・_____
・_____
・_____

指導教員にすすめられた入門書（タイトル・著者名・出版年・出版社を書く）
・_____
・_____

スケジュール案
　_____ 年 _____ 月 _____ 日に、卒論のテーマについて、指導教員に相談する。
　_____ 年 _____ 月 _____ 日までに、卒論のテーマを決定する。
　_____ 年 _____ 月 _____ 日までに、どんな先行研究があるかを調べる。
　_____ 年 _____ 月 _____ 日に、他にどんな研究があるか指導教員に伺う。
　_____ 年 _____ 月 _____ 日までに、先行研究を読み、問題点を見つける。
　_____ 年 _____ 月 _____ 日までに、調査課題を絞る。
　_____ 年 _____ 月 _____ 日に、調査課題について、指導教員に相談する。
（_____ 年 _____ 月 _____ 日までに、テスト調査を行う。）
　_____ 年 _____ 月 _____ 日までに、調査の詳細を決める。
　_____ 年 _____ 月 _____ 日に、調査の詳細について、指導教員に相談する。
　_____ 年 _____ 月 _____ 日までに、調査を完了させる。
　_____ 年 _____ 月 _____ 日までに、調査結果をまとめる。
　_____ 年 _____ 月 _____ 日に、調査結果のまとめについて、指導教員にみてもらう。
　_____ 年 _____ 月 _____ 日までに、今後さらにどのような調査が必要かを考える。
　_____ 年 _____ 月 _____ 日に、考察した結果について、指導教員に相談する。
　_____ 年 _____ 月 _____ 日から、執筆開始！

終わったら 📖 62ページへ

所属 _____ _____年_____月_____日

番号 _____ 氏名 _____

スキルアップ編　第15章　卒業論文に向けて

15 Japanese Expressions

【課題2】　第13章の【課題4】で入手した論文について、以下の10の観点からチェックしてみましょう。また、チェックを通して、問題点や自分の研究に応用できそうなことが見つかった場合は、具体的に書いてみましょう。

チェックする論文名 _____

論文の筆者 _____

チェック項目（チェックが終わったら、□の中に✓印を付けてください。判断がつかなければその項目はとばしてください。）

- □ 先行研究の成果で説明できない現象はないか。
- □ 1つの要素の調査だけで、その要素の特徴としていないか。
- □ 先行研究の成果や考え方を、別の分野（あるいは、対象・時代）に応用できないか。
- □ 先行研究が前提としていることは何か、前提としていることに根拠はあるのか。
- □ 調査対象を変えた場合でも、結果が予測できるのか。
- □ 調査するべきなのに、調査されていない資料（対象）はないか。
- □ 先行研究の調査に再現性はあるか。
- □ 2つ以上の先行研究の結果を比べて矛盾はないか。
- □ 先行研究では、必要十分条件のように結論を書いているが、実は、必要条件（あるいは十分条件）ではないか。
- □ 先行研究の調査は古いもので、新しい調査をする必要があるのではないか。

　問題点や自分の研究に応用できそうなことを、具体的に書いてみましょう（上記のチェックに関係なく見つけた問題点でも構いませんし、自信がないものでも構いませんので、できるだけ書くようにしてください）。

次ページへ続く

所属 _____　　___年 ___月 ___日

番号 _____　氏名 _____

> スキルアップ編　第15章　▶ **卒業論文に向けて**

【課題3】

【課題2】で指摘したことを解決できるような調査課題を設定してください。少なくとも3つは考えてみましょう。調査課題を設定したら、卒業論文の調査課題として有効かどうか、教員に相談してみましょう。

調査課題1
_____
_____
_____
_____
_____

調査課題2
_____
_____
_____
_____
_____

調査課題3
_____
_____
_____
_____
_____

基礎ドリル [8]　原稿用紙・校正記号

次の文章を、《修正後の文章》のとおりに、校正記号を使って校正してください。

《校正する文章》

　大学に入り半年がが過ぎようとしている。本当にこれまでいろいろなことを経験したけど、何といっても一番象印深いのは、初めての一人暮らしである。恥ずかしいことに、これまで洗濯や料理などほとんどしたことがなかった。何とかなるろうと考えていたのだが、大きな誤りだったのです。。

《修正後の文章》

　大学に入り半年が過ぎようとしている。これまで本当に様々なことを経験したが、何といっても印象深いのは、初めての一人暮らしである。
　恥ずかしいことに、これまで洗濯や料理など、ほとんどしたことがなかった。何とかなるだろうと考えていたのだが、これが大きな誤りだったのだ。

《校正例》

解説は78ページ

所属 _____ ____年 ____月 ____日
番号 _____ 氏名 _____

| スキルアップ編　第16章 | 履歴書の作成 |

【課題1】1-1

下の様式に、鉛筆またはシャープペンで記入して、履歴書の下書きを作成してください。書き方の分からないところは空欄のままで結構です。※個人情報は必要に応じて架空の情報にしてください。

終わったら 📖 64ページへ

【課題1】1-2

チェック項目に従って、鉛筆またはシャープペンで下書きを修正してください。

終わったら 📖 66ページへ

【課題1】1-3

万年筆またはボールペンで清書をして、履歴書を完成させてください。終わったら 📖 66ページへ

履 歴 書
　　　年　　月　　日　現在

ふりがな		男・女	写真
氏名		印	

生年月日　　年　　月　　日（満　　才）

ふりがな	電話
現住所	携帯
E-mail（PC）	FAX
（携帯）	
ふりがな	電話
連絡先	FAX

年	月	学　歴　・　職　歴

所属 _____ ____年 ____月 ____日

番号 _____ 氏名 _____

| スキルアップ編　第16章 | 履歴書の作成 |

【課題2】2-1

実際に知っているお店などを思い浮かべ、アルバイトをしてみたいところを決めてください。
（例）働きたいところ：駅前の古本屋さん　　職種：販売員

働きたいところ _____　職種 _____

【課題2】2-2

希望のアルバイト先に出すつもりで、自己紹介書を作成してください。

自 己 紹 介 書

志望動機	
自己アピール （私の特徴、長所・短所など）	
卒論 研究課題 ゼミナール 得意科目など	
課外活動 （クラブ・サークル・ボランティア・インターンシップ・地域活動など）	
趣味・特技	

年	月	免許・資格

終わったら　67ページへ

―― 以下は第17章で使います。※第17章：面接官役からのコメントをここに記入してください。――

所属 _____ ____年 ____月 ____日
番号 _____ 氏名 _____

| スキルアップ編　第17章 | 面接の受け方 |

17
Japanese Expressions

【課題1】1-1

第16章（シート50ページ）で作成した自己紹介書の「自己アピール」に書いた内容について、次のリストに沿って具体的に整理してください。

アピールしたい点は _____

エピソード
- アピール点を示す経験 _____
- 経験の中で困ったこと _____
- それをどう克服したか _____
- 経験から得られたこと _____

【課題1】1-2

1-1の内容をもとに、1分間の自己アピール原稿（300字程度）を作成してください。

350

終わったら 📖 70ページへ

所属＿＿＿＿＿＿＿＿＿＿＿＿＿＿＿＿＿＿＿＿＿＿＿＿＿＿　＿＿年＿＿月＿＿日
番号＿＿＿＿＿＿＿　氏名＿＿＿＿＿＿＿＿＿＿＿＿＿＿

17
Japanese Expressions

| スキルアップ編　第17章 | 面接の受け方 |

【課題2】2-1

第16章（シート50ページ）で作成した「自己紹介書」部分を参考に、予想される質問とその答えを考えてください。

予想される質問	答　え

終わったら 📖 70ページへ

【課題2】2-2

（ここからの課題はペアで行います。）ペアになった人の第16章（シート50ページ）の「自己紹介書」欄を見て、自分が面接官になったつもりで質問を考えてください。

【課題2】2-3

ペアになった人と交代で面接官役と面接を受ける役になって、面接をし合いましょう。

1) 面接をする際には、相手の履歴書を見ながら面接をし、第16章（シート50ページ）のコメント欄に気づいた点を記入してください。
2) 質問は、最初に以下の①②について行い、次に2-2で考えた質問や、履歴書や相手の話の内容から疑問に思ったことなどをつけ加えながら行ってください。
　①最初に、自己紹介を兼ねてご自身をアピールしてください。
　②志望の理由は何ですか。

所属 _____ ___年 ___月 ___日
番号 _____ 氏名 _____

18
Japanese Expressions

| スキルアップ編　第18章 | 小論文の書き方 |

【課題1】1-1

「『小学生に携帯電話を持たせてもよいか』というテーマについて、40分600字以内で意見を述べなさい」という課題が出されたとします。自分の基本的な主張を決め、その根拠を決めてください。

基本的な主張 _____

根拠 _____

終わったら 📖 73ページへ

【課題1】1-2

1-1と同様の設定で、以下に構成案を作成してください。

① 主張（再）

② 根拠（再）

③ あり得る反対意見

④ ③への反論・対応

⑤ 主張の繰り返し

終わったら 📖 73ページへ

所属＿＿＿＿＿＿＿＿＿＿＿＿＿＿＿＿＿＿＿＿＿＿＿＿＿＿　＿＿年＿＿月＿＿日
番号＿＿＿＿＿＿＿　氏名＿＿＿＿＿＿＿＿＿＿＿

スキルアップ編　第18章　小論文の書き方

【課題2】

【課題1】1-2の構成案に具体例やつなぎの文章を入れて、小論文を完成させてください。

終わったら 73ページへ

【参考】小論文テーマ例
「ある程度値段が高くても、安全な食品を買うべきだと思うか」「若者の活字離れに対し、積極的に対策を立てるべきか」「小学校の夏休みに宿題を課すのはよいことか」「大学生の就職活動が3年生の時期から始まってしまうのは是正すべきか」「地方分権をこれまで以上に推進すべきか」「日本のマンガ文化は世界に誇れるものであるか」

所属 ＿＿＿＿＿＿＿＿＿＿＿＿＿＿＿＿＿＿＿＿＿＿＿＿　　　　　＿＿＿年＿＿＿月＿＿＿日
番号 ＿＿＿＿＿＿　氏名 ＿＿＿＿＿＿＿＿＿＿＿＿＿＿＿＿＿

スキルアップ編　第19章　エッセイ・ブログ

【課題1】

以下の文章A・Bはいずれも、「『子ども時代の思い出』という題名で、300字程度のエッセイを書いてください」という依頼のもとに書かれた大学生の文章です。両方を読んで、「どちらがよいエッセイだと感じたか」「それはなぜか」を考えてください。

文章A

　子ども時代のことといっても何を書いたらいいのか分からない。子どもの頃のことをあまりよく覚えていないというか、あまり思い出せないので、このような題を出されても困ってしまう。私の子どもの頃は世間から見て特にひどく親に迷惑をかけたというようなことはないと思う。あ、一度小さい頃屋根から落ちてけがをしたことがある。親やおじいちゃん・おばあちゃんはとても驚いたらしい。
　また、おとなになった今では全く気にしないようなどうでもいいことを子どもの頃は結構気にしていたようだ。今でも自分が大人かどうかよく分からないのではあるが。
　あと、今よりは自然が多かったです。

文章B

　小学校1年生になって、自分に仕事ができた。それは近所の豆腐屋さんにひとりで行って豆腐を買うというものだ。豆腐屋までは5分ぐらい、赤い屋根の家の柴犬とちょっと遊んで左に曲がるとすぐに豆腐屋さん。到着すると必ず店のおばちゃんが「えらいねー」と言ってくれて、当時は結構とくいげだった。
　ただひとつ、代金を親が月末のまとめ払いにしていて、僕が払っていなかったせいで、事件が起きた。調子に乗った僕が「あの豆腐屋さんは、1年生がひとりで買いに行くとタダになる」と学校で言い、先生にも友達にも笑われてしまったのだ。おかあちゃん、「おまえは1年生なのにひとりで買い物できて偉いからタダにしてくれてるんだよ」とかウソつくのはやめてくれ。

よいと思う方のエッセイ（　　　　　　）

その理由 ＿＿＿
＿＿
＿＿
＿＿
＿＿

終わったら　74ページへ

所属 _____　　　_____年_____月_____日
番号 _____　氏名 _____

| スキルアップ編　第19章 | エッセイ・ブログ |

【課題2】2-1

【課題1】と似た条件、「300字程度のエッセイを書く」を、以下の手順で行ってください。
　できればオチのある、1つのまとまったエピソードを探して、下欄にメモ書きしてください。テーマは自分で自由に考えてもよいし、自由だとかえって考えにくいという人は、【課題1】と同じ「子ども時代の思い出」にするか、「最近驚いたこと」「(結婚式のスピーチなどを意識して)○○さんのよいところ」から1つ選んでエピソードを探してみてください。

エピソード _____

(あれば)オチ _____

【課題2】2-2

2-1をもとに、実際に300字程度でエッセイを書いてください。その際ポイントの1つ、「具体的な描写」を取り入れる努力をしたところに下線を引いてみてください。

選んだテーマ _____

終わったら 📖 75ページへ